¿Ordenar primero?

Un ejercicio personal en diseño de software empírico

¿Ordenar primero?

Un ejercicio personal en diseño de software empírico

Kent Beck

O'REILLY

Título de la obra original: *Tidy First? A Personal Exercise in Empirical Software Design*

Traductor: Virginia Aranda González
Responsable editorial: Víctor Manuel Ruiz Calderón
Adaptación de cubierta: Celia Antón Santos
Ilustración de cubierta: Karen Montgomery

Edición española:

© EDICIONES ANAYA MULTIMEDIA (GRUPO ANAYA, S.A.), 2024
   Valentín Beato, 21. 28037 Madrid
   Depósito legal: M. 4.527-2024
   ISBN: 978-84-415-5015-5
   Impreso en España

PAPEL DE FIBRA
CERTIFICADA

A la bendita memoria del profesor Barry Dwolatzky:
geek extraordinario, fuerza elemental e inspiración.

Agradecimientos

El "autor" de un libro es una ficción con fines contables. Yo he escrito las palabras, pero no estarían en tus manos sin la participación de un montón de personas. Estas son algunas de ellas.

Gracias por su pronta respuesta técnica a Anna Goodman, Matan Zruya, Jeff Carbonella, David Haley, Kelly Sutton y el resto de mis estudiantes de Gusto. Agradezco a Maude Lemaire, Rebecca Wirfs-Brock, Vlad Khononov y Oleksii Torunov su respuesta técnica al manuscrito. Doy las gracias a los suscriptores de pago de mi página `https://tidyfirst.substack.com/` por regalarme tiempo para escribir, y por sus comentarios sobre los capítulos a medida que los iba redactando.

Tengo mucho que agradecer al experto equipo de producción de O'Reilly, que me facilitó al máximo el proceso: Melissa Duffield, Michele Cronin y Louise Corrigan. Gracias a Tim O'Reilly por arriesgarse con un libro corto.

Gracias a Keith Adams y Pamela Vagata por las charlas técnicas, los ánimos y alguno que otro cóctel. Agradezco a Susan la mezcla perfecta de ánimo y pequeños empujoncitos. Gracias a mis hijos, Beth, Lincoln, Lindsey, Forrest y Joëlle.

Doy las gracias a mis mentores y colegas en el diseño de software: Ward Cunningham, Martin Fowler, Ron Jeffries, Erich Gamma, David Saff y Massimo Arnoldi.

Por último, agradezco a Ed Yourdon (honramos su memoria) y Larry Constantine por haber descubierto todo esto hace tanto tiempo.

Sobre el autor

Kent Beck es programador, creador de la programación extrema, pionero de los patrones de diseño de software, coautor de JUnit, redescubridor del desarrollo guiado por pruebas y observador de las 3X: explorar, expandir y extraer. Beck es también alfabéticamente el primer firmante del Manifiesto Ágil. Vive en San Francisco, California, y es científico jefe en Mechanical Orchard, donde se dedica a enseñar a *geeks* habilidades para que se sientan seguros en el mundo.

Los lectores pueden ponerse en contacto con él mediante estas opciones:

- Facebook: `https://www.facebook.com/kentlbeck`.
- Twitter: `https://twitter.com/KentBeck`.
- LinkedIn: `https://www.linkedin.com/in/kentbeck`.
- Medium: `https://medium.com/@kentbeck_7670`.
- Sitio web: `https://www.kentbeck.com`.

Índice de contenidos

Prólogo

Este libro está dirigido a los programadores profesionales, esa estirpe de desarrolladores de software con un profundo y raro interés en su oficio y en mejorar su trabajo en pequeños aspectos, obteniendo grandes recompensas. El autor Kent Beck es precisamente uno de estos profesionales dedicados, siempre atento a los detalles y en sintonía con los grandes problemas y el panorama general.

Los desarrolladores de software en activo suelen prestar poca atención a la teoría, pero Kent sabe de lo que habla cuando mezcla teoría y práctica en esta guía para limpiar código, que es a la vez legible y práctica.

"En teoría no hay diferencia entre la teoría y la práctica, aunque en la práctica sí la hay". Se han atribuido (incorrectamente) varias versiones de esta breve declaración a Albert Einstein y Yogi Berra, entre otros. Solo a un friki de las palabras (¡culpable de los cargos, señoría!) le importaría saber que la atribución correcta es a Benjamin Brewster, un estudiante de Yale que escribió en una edición de la revista literaria de la universidad. Gracias a los *geeks* de las palabras de QuoteInvestigator.com, puedo ofrecer este detalle de perfeccionista confiando en mi audiencia: esta es una profesión que depende de la corrección de los detalles.

Aunando teoría y práctica, Kent empieza desde abajo, con cortos fragmentos de código y una meticulosa atención a los detalles más pequeños, para después ir subiendo, hasta alcanzar la visión más amplia que explica el proceso de creación de un código más limpio y robusto ante los inevitables cambios y correcciones. Para elaborar esta guía práctica, Kent se ha basado en la economía real del desarrollo de software y en la teoría básica de la ingeniería de software.

La teoría central es simplemente esta: que la complejidad del código informático depende de cómo esté organizado en partes, de lo acopladas que estén esas partes entre sí y de lo cohesionadas que estén las partes en su interior. El origen de la teoría del acoplamiento y cohesión suele atribuirse al libro *Structured Design*, que escribí con Ed Yourdon (Yourdon Press, 1975; Prentice Hall, 1979), aunque se podría rastrear hasta una presentación en una conferencia en Cambridge, Massachusetts, en 1968. El acoplamiento y la cohesión estuvieron a punto de no aparecer en la edición de Prentice Hall de 1979. Los editores intentaron convencernos a Ed y a mí de omitir los dos capítulos porque "a nadie le interesa la teoría". Afortunadamente para la historia de la ingeniería de software, los autores prevalecieron y los editores se equivocaron. La teoría ha sido validada desde entonces a lo largo de medio siglo de práctica y de literalmente cientos de estudios e investigaciones.

El acoplamiento y la cohesión no son más que medidas de la complejidad del código informático, no desde la perspectiva de los ordenadores que ejecutan los programas, sino desde la de los seres humanos que intentan comprender el código. Para entender cualquier programa, ya sea para crearlo, corregirlo o cambiarlo, es necesario conocer bien el fragmento de código que se tiene delante, así como los demás fragmentos a los que está conectado, de los que depende o a los que afecta o por los que se ve afectado. Es más fácil asimilar el fragmento de código que viene a continuación si todo encaja, si tiene sentido en su conjunto o si forma lo que los psicólogos cognitivos llaman *gestalt*. Eso es cohesión. Es también más fácil de entender en lo que se refiere a sus relaciones con otros tramos de código si estas relaciones son pocas o relativamente débiles o muy restringidas. Eso es acoplamiento. El acoplamiento y la cohesión tienen que ver con la forma en que el cerebro se enfrenta a sistemas complicados.

¿Lo ves? Bonito y ordenado. Esa es la teoría. Después están los detalles prácticos, y su combinación con la teoría suficiente como para que todo tenga sentido. Kent Beck te guiará hábilmente por este camino.

—**Larry Constantine**[1]
Rowley, Massachusetts
9 de octubre de 2023

---

1. Larry Constantine fue profesor en la Universidad de Madeira (Portugal) y en la Universidad Tecnológica de Sídney (Australia). Tiene en su haber más de 200 artículos y tres docenas de libros, entre ellos el ganador del premio Jolt, *Software for Use* (Addison Wesley, 1999), escrito con Lucy Lockwood, y quince novelas bajo su seudónimo, Lior Samson.

Prefacio

¿Qué es *Ordenar primero*?

"Tengo que cambiar este código, pero es un caos. ¿Qué debería hacer primero?".

"Quizá debería ordenarlo antes de hacer cambios. Puede. Un poco sí. ¿O quizá no?".

Son preguntas que uno podría hacerse a sí mismo y, si tuvieran respuesta fácil, no habría sentido la necesidad de escribir un libro para responderlas.

Este libro describe:

- Cuándo organizar código desordenado antes de cambiar lo que calcula.

- Cómo organizar código desordenado de una forma segura y eficiente.

- Cómo dejar de arreglar código desordenado.

- Por qué funciona la ordenación de código.

El diseño de software es un ejercicio de relaciones humanas. En este libro empezamos por la misma persona que vemos en el espejo, es decir, por la relación del programador consigo mismo. ¿Por qué no nos tomamos tiempo para cuidarnos a nosotros mismos? ¿O para facilitarnos el trabajo? ¿Por qué nos metemos en la madriguera a limpiar código y excluimos la parte del trabajo que ayudaría a nuestros usuarios?

Este libro es el siguiente paso en mi misión por ayudar a los *geeks* a sentirse seguros en el mundo. También es el primer paso que hay que dar cuando uno se enfrenta a código desordenado. El diseño de software es una potente herramienta que alivia el dolor en el mundo, siempre y cuando se utilice bien. Erróneamente empleada, se convierte en otro instrumento de opresión, y en un lastre para la efectividad del desarrollo de software.

Quiero lograr que el diseño de software sea accesible y valorado, así que empezaré por el tipo de diseño que podría realizar el propio lector. Entendamos y practiquemos el diseño de software en formas que beneficien nuestro trabajo diario.

Supongamos que tienes una función grande que contiene muchas líneas de código. Antes de cambiarla, lees el código para entender lo que está pasando. En el proceso, vislumbras la manera de dividir de una forma lógica el código en fragmentos más pequeños. Al extraer estas partes, estás limpiando el código. Otros preceptos de ordenación incluyen el uso de cláusulas de guarda, comentarios aclaratorios y funciones auxiliares.

En este libro se pone en práctica lo que en él se propone, es decir, presentar estas normas de limpieza en capítulos breves y sugerir cuándo y dónde se pueden aplicar. Así, en lugar de intentar dominar la ordenación del código de golpe, este libro permite probar algunos ejemplos que tienen sentido para el problema que se desea resolver. También empieza describiendo la teoría del diseño de software: acoplamiento, cohesión, flujos de fondos descontados y opcionalidad.

A quién está destinado este libro

Este libro está dirigido a programadores, desarrolladores, arquitectos de software y directores técnicos. No está vinculado a ningún lenguaje de programación, y todos los desarrolladores podrán aplicar los conceptos de este libro a sus propios proyectos. En el libro se da por sentado que el lector no es nuevo en la programación en general.

Qué aprenderás en este libro

Al final de la lectura del libro, el lector comprenderá:

- Las diferencias fundamentales entre los cambios en el comportamiento de un sistema y los cambios en su estructura.
- La magia propicia de alternar inversión en estructura e inversión en comportamiento, como un programador solitario que cambia código.
- La teoría básica del funcionamiento del diseño de software y las fuerzas que actúan sobre él.

También será capaz de lo siguiente:

- Mejorar su propia experiencia de programación ordenando unas veces primero y otras veces después.
- Empezar a realizar cambios de envergadura en pequeños pasos seguros.
- Prepararse para el diseño como una actividad humana con incentivos divergentes.

Estructura del libro

Este libro está dividido en una introducción y tres partes.

- **Introducción:** Empiezo con una breve descripción de mis motivaciones para escribir este libro, cómo llegué a escribirlo, a quién va dirigido y qué puede esperar el lector. Después entramos en materia.

- **Parte I. "Preceptos de ordenación":** Una ordenación es como una pequeña refactorización en miniatura. Cada capítulo corto es una norma de ordenación. Si ves código así, entonces cámbialo por código asá. Después lo envías a producción.

- **Parte II. "Gestionar el orden":** Después hablamos de la gestión del proceso de ordenación. Parte de la filosofía de la limpieza de código es que nunca debe ser un gran problema. Nunca debe ser algo que deba ser informado, rastreado, planificado y programado. Hay que cambiar este código, y es difícil porque está desordenado, así que primero se ordena. Incluso como parte del trabajo diario, sigue siendo un proceso que mejora con la reflexión.

- **Parte III. "Teoría":** Aquí es donde por fin logro desplegar mis alas y profundizar en los temas que me emocionan. ¿Qué quiero decir con "el diseño de software es un ejercicio de relaciones humanas"? ¿Por qué el software cuesta tantísimo? ¿Qué podemos hacer al respecto (alerta de *spoiler*: diseño de software)? ¿Acoplamiento? ¿Cohesión? ¿Leyes potenciales?

Mi objetivo es que los lectores empiecen a leer por la mañana y diseñen mejor por la tarde y, a partir de entonces, que diseñen un poquito mejor cada día. Muy pronto, el diseño de software ya no será el eslabón más débil de la cadena de aportación de valor con ayuda de software.

¿Por qué diseño de software "empírico"?

Los debates más acalorados en diseño de software parecen girar en torno a qué diseñar:

- ¿Qué tamaño deben tener los servicios?
- ¿Qué tamaño deben tener los repositorios?
- Eventos frente a invocación explícita de servicios.
- Objetos frente a funciones frente a código imperativo.

Estos debates sobre el qué ocultan un desacuerdo más sustancial entre los diseñadores de software: ¿cuándo? Esta es una caricatura de los extremos de este desacuerdo:

- **Diseño especulativo:** Sabemos lo que queremos hacer a continuación, así que diseñemos hoy para conseguirlo. Será más barato diseñar ahora. Además, una vez que el software está en producción, nunca tendremos la oportunidad de diseñar, así que hagámoslo todo hoy.

- **Diseño reactivo:** Las funcionalidades son lo único que le importa a la gente, de modo que diseñemos lo menos posible hoy para poder volver a las funcionalidades. Solo cuando sea casi imposible añadir más, mejoraremos el diseño a regañadientes, y en ese momento haremos lo justo para volver a ellas.

Aspiro a responder a la pregunta de "¿cuándo?" con "en algún punto intermedio". Cuando observamos que una determinada clase de funcionalidades es difícil de agregar, diseñamos hasta que se alivia la presión. Empezamos con el diseño justo para poner en marcha los ciclos de retroalimentación:

- **Funcionalidades:** ¿Qué quieren los usuarios?

- **Diseño:** ¿Cuál es la mejor manera de ayudar a los programadores a ofrecer esas funcionalidades?

La respuesta del diseño de software a la pregunta "¿cuándo?" está supeditada. Diseña en el momento en que puedas sacar partido del diseño. Responder a esta pregunta requiere gusto, negociación y juicio. ¿Requerir gusto y juicio es una debilidad? Claro, pero es una debilidad inevitable. Los diseños especulativo y reactivo también requieren juicio, pero les dan a los diseñadores de software menos herramientas con las que trabajar.

Me gusta la palabra "empírico" para describir este estilo porque parece aclarar la distinción que estoy haciendo sincronizando los diseños especulativo y reactivo. "Basado en, preocupado por, o verificable por observación o experiencia más que por teoría o lógica pura". Suena bastante bien.

¿Cómo se me ocurrió escribir este libro?

Cuando era estudiante, asistí a un curso sobre diseño de software en el que se utilizaba el libro *Structured Design* de Ed Yourdon (*requiescat in pace*) y Larry Constantine. No entendí mucho del libro, en parte porque todavía no me había encontrado con los problemas que trataba.

Avancemos 25 años hasta 2005. Ya había diseñado un montón de aplicaciones para entonces. Tenía la sensación de dominar bastante bien el diseño. Stephen Fraser organizó una mesa redonda en la gran conferencia OOP-SLA sobre programación orientada a objetos para celebrar el 30 aniversario de la publicación del libro. Ed y Larry iban a estar allí, junto con Rebecca Wirfs-Brock, Grady Booch, Steve McConnell y Brian Henderson-Sellers.

Si yo no quería salir disparado de allí, tenía trabajo que hacer, de modo que abrí mi copia del libro, cuyas hojas ya amarilleaban, y empecé a leer. Horas después, levanté la vista, absolutamente cautivado. Aquí estaban las leyes del movimiento de Newton, pero para diseño de software. Estaba todo muy claro cuando salió. ¿Cómo es que nosotros, como industria, hemos olvidado esa claridad?

Recuerdo que el debate fue bien. Un momento culminante de la conferencia fue el desayuno con Ed y Larry, dos tipos extremadamente brillantes que se sentían totalmente cómodos consigo mismos y con los demás. La figura P.1 muestra las firmas que dejaron en mi copia del libro en aquel entonces.

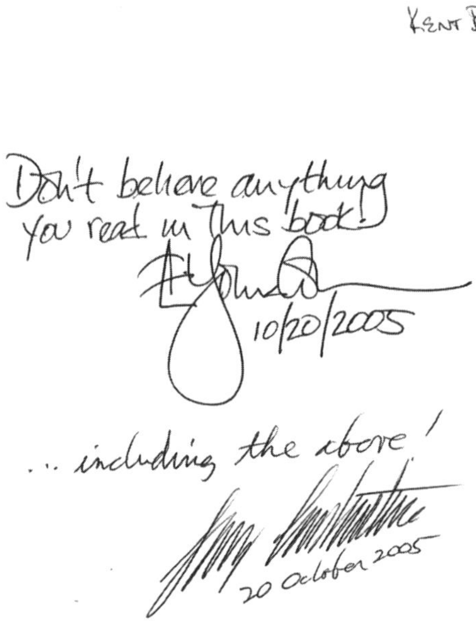

Figura P.1. Inscripciones de Ed Yourdon ("Don't believe anything you read in this book!", "¡No creas todo lo que leas en este libro!") y Larry Constantine ("...including the above!", "... ¡incluyendo lo de arriba!").

Por aquel entonces, el libro ya estaba anticuado. Los ejemplos con cinta perforada y magnética ya no eran relevantes. Ni lo era la discusión sobre el lenguaje ensamblador frente a los nuevos lenguajes de alto nivel. Sin embargo, los conceptos básicos eran correctos, así que hice la promesa de que pondría ese material al alcance del público actual.

Realicé varios intentos frustrados de escribir un libro sobre diseño de software en los años intermedios (busca *"Kent Beck Responsive Design"* si quieres ver en qué andaba). En 2019, inesperadamente, tuve dos semanas de tiempo sin nada planificado y, por lo tanto, decidí ver cuánto del libro podría escribir en esas dos semanas.

Diez mil palabras después, había aprendido una importante lección: no iba a ser capaz de abordar todo el diseño de software en un solo libro. Una situación que seguía apareciendo en lo que había redactado era este momento del diseño a pequeña escala: tengo código desordenado; ¿lo cambio o lo limpio primero?

Mi experiencia escribiendo libros ha sido siempre así. Elegir un tema que parece demasiado poco para un libro. Escribir. Descubrir que el tema es demasiado grande para un solo libro. Tomar una parte demasiado pequeña. Escribir. Descubrir que el fragmento es demasiado grande. Repetir.

Así, tienes entre tus manos (en digital o papel) los primeros frutos de esa promesa que dura ya casi 20 años. He descubierto que, al abordar continuamente esa pregunta ("¿debo ordenar primero?"), he podido tocar muchos de los temas que más me interesan como diseñador. Espero seguir profundizando en mi comprensión de todo lo que hace que el diseño de software sea divertido y valioso.

Convenios utilizados en el libro

Existen varios convenios de texto que se emplean a lo largo del libro:

- *Cursiva*: Es un tipo que se emplea para diferenciar términos anglosajones o de uso poco común. También se usa para destacar algún concepto.
- **Negrita**: Le ayudará a localizar rápidamente elementos como las combinaciones de teclas.
- Fuente especial: Nombres de botones y opciones de programas. Por ejemplo, Aceptar para hacer referencia a un botón con ese nombre.
- `Monoespacial`: Utilizado para el código y, dentro de los párrafos, para hacer referencia a elementos como nombres de variables o funciones.

Sobre la imagen de cubierta

El animal de la portada es un Maine Coon (*Felis catus*), el gato oficial del estado de Maine, y una de las razas de gatos domésticos más grandes y antiguas.

Los Maine Coons son conocidos por su impresionante tamaño y suave pelaje; los machos suelen pesar entre 6 y 8 kilogramos, mientras que las hembras oscilan entre 3 y 5 kilogramos. Su cuerpo es robusto y musculoso, con una característica cola larga y orejas de lince con pinceles. Los Maine Coons tienen unos llamativos ojos dorados, verdes o cobrizos.

Su pelo es denso, resistente al agua y existe en una amplia gama de colores y diseños, como negro, blanco, crema y varios tonos de marrón, con diseños atigrados o de carey. Debido al grosor de su pelo, requieren un aseo regular, especialmente en épocas de muda, para evitar que se apelmace.

Estos gatos son famosos por su carácter afectuoso y sociable. Se llevan bien con los niños y con otros gatos y perros, lo que les convierte en excelentes compañeros de familia. Por su naturaleza juguetona e inteligente aprenden rápido, y se les puede enseñar trucos y juegos. Les gustan los juguetes interactivos y disfrutan con actividades que estimulan su mente.

La ilustración de la portada es de Karen Montgomery, basada en un antiguo grabado de diseño lineal de la obra *Animals* de Dover Publications.

Introducción

El diseño de software es una herramienta afilada. Algunos no saben que la manejan. Otros la cogen por la hoja, no por el mango. Esa es una de las razones por las que escribo sobre diseño de software. Se remonta a mi declaración de misión personal: ayudar a los *geeks* a sentirse seguros en el mundo.

Esta misión tiene dos vertientes. A veces los *geeks* diseñan software de formas inseguras, que rompen accidentalmente el comportamiento del sistema, o que ponen a prueba las relaciones humanas que soportan el software. Es sensato sentirse inseguro cuando se actúa de forma insegura. Es mucho mejor sentirse inseguro cuando se está actuando de forma insegura que sentirse seguro alegremente y con total inconsciencia.

Ayudar a la gente a diseñar con seguridad contribuye a mi misión. De ahí que a lo largo de estas páginas aparezcan frecuentes referencias a trabajar dando pequeños pasos seguros. No me interesa la aceleración a corto plazo. El diseño de software produce valor cuando este valor se materializa conforme avanza el tiempo.

Ordenar primero es una excepción. Cuando ordenas primero, sabes que te darás cuenta inmediatamente del valor de ordenar. Esto es una trampa. Quiero que el lector se acostumbre a manipular la estructura de su código tanto como manipula su comportamiento. A medida que avancemos en el diseño, hablaremos de acciones con beneficios cada vez a más largo plazo, acciones que afectan a más personas.

Cuando he leído otras descripciones del diseño de software, ha descubierto que les faltaban los elementos esenciales de "¿cuánto?" y "¿cuándo?". Otros diseñadores de software parecían actuar como si el diseño estuviera desfasado, ya fuera antes de tener ese molesto código que lo ralentizaba todo o durante un tiempo muerto indefinido a partir de la presión constante de cambiar el comportamiento del código. Quería explorar estas cuestiones y ver si podía proporcionar principios útiles para responderlas.

El diseño de software siempre me ha ofrecido un rompecabezas intelectual. Disfruto el momento de preguntarme: "¿cuál es el diseño que, si lo tuviera, reduciría este gran cambio a un trozo del tamaño de un bocado?". Para mí, hay un tufillo de sadismo en la programación, una heroica autoinmolación en la pira de la complejidad. El mundo es lo suficientemente difícil como para que no podamos permitirnos ignorar las oportunidades de facilitarnos las cosas a nosotros mismos y a los demás.

Otro aspecto del rompecabezas del diseño de software es averiguar qué fuerzas lo impulsan y qué principios utilizar para responder a esas fuerzas. Muchos consejos de diseño contradicen la evidencia disponible. ¿Por qué los diseñadores cualificados producen resultados que posiblemente no procedan de los principios que defienden? ¿Qué está ocurriendo realmente?

Un libro no ofrece ningún lugar donde esconderse. Si no entiendo bien algún tema, mis lectores lo sabrán, y no hay nada que yo pueda hacer al respecto. Un ejemplo es la cohesión, un concepto que podía definir claramente hace 15 años, pero que no pude explicar satisfactoriamente hasta el año pasado. Quiero empujarme a mí mismo a entenderlo.

Las avalanchas son lo mejor. Hay un momento concreto al que espero que llegues cuando practiques ordenar primero. Ordenas esta parte que facilita esta funcionalidad, luego esa otra parte que facilita esa otra funcionalidad. Entonces las ordenaciones empiezan a agravarse. Como has hecho esto más fácil, aquello se hace más fácil. De repente, sin que tengas que esforzarte, una simplificación gigantesca se convierte en cuestión de un trazo o dos de tu bolígrafo. Y, como has acompañado a tus colegas en cada paso del camino, tienes un público totalmente informado de tu genialidad; un público que te aprecia cada vez más a medida que empieza también a cosechar los beneficios de su "pequeño, pequeño y después grande" cambio de estructura.

Terminaré mi lista de motivaciones con la parte económica. Como ya he escrito en otras ocasiones, no escribo para ganar dinero; gano dinero escribiendo para poder permitirme escribir. No espero obtener un tremendo beneficio con los libros técnicos. Si ello significa que puedo permitirme un coche mejor, es suficiente para animarme a escribir en lugar de pintar, tocar la guitarra o jugar al póquer. Así que sí, quiero ganar algo de dinero con esto, pero pretendo ofrecer mucho más valor del que cobro.

PARTE I

Preceptos de ordenación

Mi estrategia general de aprendizaje es ir de lo concreto a lo abstracto. Así, empezaremos con un catálogo de pequeños "movimientos" de diseño que se pueden efectuar al enfrentarse a código desordenado que necesitamos cambiar.

Los lectores que estén familiarizados con la refactorización detectarán una gran similitud entre este proceso, definido como un cambio en la estructura que no modifica el comportamiento, y las ordenaciones. Las ordenaciones son un subconjunto de las refactorizaciones; son como esas pequeñas refactorizaciones tan bonitas que nadie se siente capaz de odiar.

La "refactorización" sufrió un daño fatal cuando se empezó a utilizar para referirse a largas pausas en el desarrollo de funcionalidades. Incluso eliminaron la parte subordinada de la oración "que no modifica el comportamiento", de modo que "refactorizar" podía romper fácilmente el sistema. Resumiendo: sin nuevas funcionalidades, posibles daños y nada que mostrar al final. No, gracias.

En la parte II, hablaremos de cómo integrar las ordenaciones en un flujo de trabajo de desarrollo. Por el momento, leamos, aprendamos y apliquemos los trucos que veremos en este libro y que añadirán diversión a nuestros siguientes minutos de desarrollo.

CAPÍTULO 1

Cláusulas de guarda

Tenemos un código como este:

```
if (condición)
   ...código...
```

O, aún mejor, como este:

```
if (condición)
   if (no otra condición)
      ...código...
```

Como lector, es fácil perderse en condiciones anidadas. Limpiemos lo anterior para obtener lo siguiente:

```
if (no condición) return
if (otra condición) return
...código...
```

Este código es más fácil de leer. Dice: "antes de entrar en los detalles del código, hay algunas condiciones previas que debemos tener en cuenta".

(Pero, qué pasa con los MúLTipLes ReToRnos? La "regla" de tener un solo retorno en una rutina procede de los días de FORTRAN, en los que una rutina podía tener varios puntos de entrada y salida. Era casi imposible depurar código así. No se podía saber qué sentencias se ejecutaban. El código con cláusulas de guarda es más fácil de analizar, porque las condiciones previas son explícitas).

No conviene abusar de las cláusulas de guarda. Una rutina con siete u ocho cláusulas de este tipo (las he visto en todo su esplendor) no es fácil de leer. Dividir esa complejidad requiere una atención más detallada.

Ordena con una cláusula de guarda solo si el *prompt* se cumple con precisión:

```
if (condición)
   ...todo el resto del código de la rutina...
```

Veo código que quiero limpiar, pero no puedo:

```
if (condición)
    ...código...
...otro código...
```

Quizá las primeras dos líneas se puedan extraer a un método auxiliar y después ordenar con la cláusula de guarda, pero siempre y solamente dando pequeños pasos.

Aquí tenemos un ejemplo: `https://github.com/Bogdanp/dramatiq/pull/470`.

CAPÍTULO 2

Código muerto

Bórralo. Eso es todo. Si el código no se ejecuta, simplemente bórralo.

Eliminar código muerto puede resultar muy extraño. Después de todo, alguien se tomó el tiempo y el esfuerzo de escribirlo, y la empresa pagó por ello. Ahí está. Todo lo que hay que hacer para que sea valioso es llamarlo de nuevo. Si volvemos a necesitarlo, lamentaremos haberlo borrado.

Dejaré como ejercicio para mis ordenados lectores identificar todos los sesgos cognitivos que acabo de manifestar.

A veces es fácil identificar código muerto. Otras veces, debido a una excesiva reflexión, no es tan fácil. Si sospechas que hay código que no se utiliza, ordénalo previamente registrando su uso. Pon en marcha esta ordenación previa y espera hasta estar seguro.

Te preguntarás: "Pero ¿y si lo necesitamos más tarde?". Para eso está el control de versiones. En realidad, no estamos borrando nada; simplemente es que no tenemos que mirarlo ahora mismo. Si (y esto es una larga cadena de condicionales) 1) tenemos un montón de código que 2) no se usa ahora mismo y 3) queremos utilizar en el futuro 4) exactamente de la misma manera que fue escrito originalmente y 5) sigue funcionando, entonces sí, podemos recuperarlo. O bien podemos escribirlo de nuevo, y mejor.

Pero, en el peor de los casos, siempre podemos recuperarlo.

Como siempre, elimina solo un poco de código en cada cambio de ordenación. De ese modo, si resulta que te habías equivocado, será relativamente fácil revertir el cambio (véase el capítulo 28). "Un poco" es una medida cognitiva, no una medida de líneas de código. Podría ser una cláusula de una condición (por ejemplo, que la condición se reduce a ser verdadera), una rutina, un archivo o un directorio.

CAPÍTULO 3

Normalizar las simetrías

El código crece de manera orgánica. Algunas personas usan el adjetivo "orgánico" como algo peyorativo. Eso no tiene sentido. No podemos escribir de una sola vez todo el código que vamos a necesitar; solo funcionaría si nunca aprendiéramos nada.

Al crecer de forma orgánica, un mismo problema puede ser resuelto de forma diferente en distintos momentos o por distintas personas. Eso está bien, pero dificulta la lectura. Como lector, te gusta que la lectura sea coherente. Si ves un patrón, seguro que llegas a la conclusión de que sabes lo que está pasando.

Tomemos el ejemplo de las variables inicializadas perezosamente. Podemos verlas escritas de diferentes formas:

```
foo()
    return foo if foo not nil
    foo := ...
    return foo

foo()
    if foo is nil
        foo := ...
    return foo

# difícil
foo()
    return foo not nil
        ? foo
        : foo := ...

# el doble de difícil, suponiendo que la asignación sea una expresión
foo()
    return foo := foo not nil
        ? foo
        : ...
```

```
# aún más difícil, ocultando el condicional
foo()
    return foo := foo || ...
```

(A ver si encuentras o inventas más variantes).

Todas ellas son formas de decir: "calcula y guarda en la caché un valor para foo si no lo hemos hecho ya". Cada una tiene sus pros y sus contras. Como lector, te acostumbrarás rápidamente a cualquiera de ellas. Las cosas se vuelven confusas cuando dos o más de los patrones se utilizan indistintamente. Como lector, uno espera que diferencia signifique diferencia. Aquí tenemos una diferencia que oculta el hecho de que está ocurriendo lo mismo.

Elige una forma. Convierte una de las variantes en esa forma. Ordena una forma de variación innecesaria cada vez: primero, la inicialización perezosa, por ejemplo.

En ocasiones, los detalles adicionales ocultan los puntos en común. Busca rutinas que sean similares, pero no iguales. Separa las partes diferentes de las idénticas.

CAPÍTULO 4

Nueva interfaz, antigua implementación

Necesitas llamar a una rutina, pero la interfaz te lo pone difícil, complicado, confuso o tedioso. Implementa la interfaz a la que desees llamar y llámala, y crea la nueva interfaz simplemente llamando a la antigua (puedes integrar la implementación más tarde, después de migrar todas las demás funciones llamadoras).

Crear una interfaz de paso es la esencia a escala microscópica del diseño de software. Quieres hacer un cambio de comportamiento. Si el diseño fuera de un modo determinado, hacer ese cambio sería (más) fácil. Así que haz el diseño así.

El mismo impulso es válido cuando estás:

- Codificando hacia atrás o retroprogramando: empiezas por la última línea de una rutina, como si ya tuvieras todos los resultados intermedios necesarios.

- Escribiendo primero las pruebas: comienza con la prueba que el código tiene que superar.

- Diseñando funciones auxiliares: si tuviera una rutina, objeto o servicio que hiciera XXX, el resto sería fácil.

CAPÍTULO 5

Orden de lectura

Supongamos que estás leyendo un archivo (otro día podemos debatir sobre si el código fuente debe estar en archivos). Lees todo el archivo, llegas al final y ¡ahí está! El detalle que te habría ayudado a entender todo el resto del archivo.

Reordena el código del archivo en el orden en que un lector (recuerda que hay muchos lectores para cada escritor) preferiría leerlo.

Tú eres un lector. Acabas de leerlo. Así que ya lo sabes.

Resiste la tentación de aplicar otras ordenaciones al mismo tiempo. Es probable que durante la lectura hayas observado otros detalles que dificultan la comprensión y el cambio más de lo debido. Ya habrá tiempo para esos detalles más adelante. O bien, ordena esos detalles ahora y restructura el orden de lectura en una ordenación posterior. No mezcles.

Algunos lenguajes son sensibles al orden de declaración de los elementos. Es decir, cambiar el orden de declaración de la función A y la función B producirá resultados de ejecución diferentes. Ten cuidado con estos lenguajes. Puedes no reordenar todo el archivo si no solo las partes más relevantes para los lectores.

Ninguna ordenación de elementos es perfecta. A veces conviene entender primero las primitivas y luego su composición. A veces se quiere entender primero la API y luego los detalles de la implementación. Tú eres el lector, así que usa tu criterio y tu (reciente) experiencia. ¿Qué orden te hubiera gustado encontrar? Regálale esa secuencia al siguiente lector.

CAPÍTULO 6

Orden de cohesión

Lees el código, te das cuenta de que para hacer un cambio de comportamiento vas a tener que cambiar varios puntos muy dispersos en el código, y te pones de mal humor. ¿Qué deberías hacer?

Reordena el código para que los elementos que necesitas cambiar sean adyacentes. El orden de cohesión funciona para las rutinas de un archivo: si dos rutinas están acopladas, colócalas una al lado de la otra. También funciona para archivos de directorios: si dos archivos están conectados, ponlos en el mismo directorio. Incluso funciona a través de repositorios: coloca el código acoplado en el mismo repositorio antes de cambiarlo.

Y ¿por qué no eliminar simplemente el acoplamiento? Si sabes cómo hacerlo, adelante. Es la mejor ordenación de todas, suponiendo que:

$$coste(desacoplamiento) + coste(cambio) < coste(acoplamiento) + coste(cambio)$$

Quizá no sea factible por distintas razones:

- El desacoplamiento puede ser un esfuerzo intelectual (no sabes cómo hacerlo).

- El desacoplamiento puede suponer un esfuerzo de tiempo y dinero (podrías hacerlo, pero justo ahora no puedes permitirte dedicarle ese tiempo).

- El desacoplamiento puede suponer también un esfuerzo para las relaciones (el equipo ya ha soportado todos los cambios que puede manejar).

No es que estés atascado con cambios del tipo modelo de queso suizo. Ordenar puede aumentar la cohesión lo suficiente como para facilitar los cambios de comportamiento. En ocasiones, la mayor claridad obtenida con una cohesión ligeramente mejor desbloquea lo que sea que te está impidiendo hacer el desacoplamiento. A veces una mejor cohesión ayuda a aceptar el acoplamiento.

CAPÍTULO 7

Unir declaración e inicialización

Hay ocasiones en las que las variables y su inicialización parecen estar separadas. El nombre de una variable nos da una pista sobre su papel en el cálculo. Sin embargo, la inicialización refuerza el mensaje dado por el nombre. Cuando te encuentras con código que separa la declaración (con un posible tipo) y la inicialización, es más difícil de leer. Para cuando se llega a la inicialización, se ha olvidado parte del contexto de para qué sirve la variable.

Este es el aspecto de esta ordenación. Imagina que tienes un código como este:

```
fn()
    int a
    ...código que no usa a
    a = ...
    int b
    ...otro código, quizá usa a pero no usa b
    b = ...a...
    ...código que usa b
```

Ordénalo subiendo la inicialización a la declaración:

```
fn()
    int a = ...
    ...código que no usa a
    ...otro código, quizá usa a pero no usa b
    int b = ...a...
    ...código que usa b
```

Juega con el orden. ¿Es más fácil leer y entender el código si cada una de las variables se declara e inicializa justo antes de ser utilizada, o si todas se declaran e inicializan juntas al principio de la función? Aquí es donde te conviertes en un escritor de novelas de misterio, imaginando la experiencia de los lectores de tu código y dejándoles las pistas que necesitan para adivinar quién lo hizo.

No puedes poner las variables y el código que las configura en cualquier orden. Debes respetar las dependencias de los datos entre variables. Si usas a para inicializar b, tienes que inicializar a primero. Mientras realizas esta ordenación, recuerda que tienes que mantener el orden de las dependencias entre los datos.

Si tienes que analizar las dependencias entre los datos a mano, acabarás cometiendo errores. Cambiarás accidentalmente el comportamiento del código cuando solo estabas tratando de mejorar su estructura. No hay problema. Vuelve a una versión anterior del código que sepas que es correcta y sigue trabajando en pequeños pasos. Esa es la forma de ordenar. ¿Los grandes cambios de diseño son demasiado difíciles y dan miedo? Da pasos más pequeños. No, más pequeños. ¿Todavía da miedo? ¿Ya no? Muy bien.

CAPÍTULO 8

Variables aclaratorias

Algunas expresiones crecen. Aunque empiecen siendo pequeñas, crecen. Y crecen y crecen. Y entonces te pones las gafas de leer y tratas de entender lo que está pasando.

Cuando entiendas una parte de una expresión grande, extrae la subexpresión a una variable dándole nombre según la intención de la expresión.

Verás esto con frecuencia en código de gráficos:

```
return nuevo Punto(
    ...gran expresión larga...,
    ...otra gran expresión larga...
)
```

Antes de cambiar una de esas expresiones, piensa primero en ordenar:

```
x := ...gran expresión larga...
y := ...otra gran expresión larga...
return nuevo Punto(x, y)
```

O quizá las expresiones signifiquen algo más específico, como anchura y altura, arriba e izquierda, correr y saltar.

En este proceso de ordenación, estás incorporando al código lo que tanto te ha costado entender, y ello te prepara para cambiar cualquiera de esas expresiones con mayor facilidad (porque ahora están separadas), y para leerlas más rápidamente la próxima vez que el código necesite un cambio.

Como siempre, separa el compromiso de la ordenación del compromiso del cambio de comportamiento.

CAPÍTULO 9

Constantes aclaratorias

Estás leyendo, y de repente ves un número que no reconoces o una cadena de texto que se repite constantemente por todo el código. Pero te imaginas lo que significa.

Creas una constante simbólica y sustituyes los lugares donde se usa la constante literal por este símbolo.

Venga ya; llevo viendo este consejo desde mis comienzos en la programación, y todavía queda gente que piensa que esto está bien:

```
if response.code = 404
    ...bla bla bla...
```

De acuerdo, por un segundo me sentí culpable. No estamos aquí para juzgar a la persona que la lió (consejo profesional: podríamos haber sido nosotros). Estamos aquí para cuidar de nosotros mismos, ordenando primero antes de cambiar las cosas:

```
PAGE_NOT_FOUND := 404
if response.code = PAGE_NOT_FOUND
    ...bla bla bla...
```

Atención: el mismo texto puede aparecer en dos lugares y significar cosas distintas. No ayuda hacer las cosas así:

```
UNO = 1
...UNO... # en todos los sitios en los que se necesite unidad
```

Estás leyendo y comprendiendo lo que lees, e introduces esa comprensión en el código para no tener que acordarte.

Hay algunas ordenaciones posteriores a esta, referida a combinar constantes que cambian o tienen que entenderse combinadas en un solo lugar, y a separarlas de otras que se amontonan por razones distintas. Voy a dejar que el lector las descubra por sí mismo. Acoplamiento, cohesión, haced lo que corresponde.

CAPÍTULO 10

Parámetros explícitos

Estás leyendo código que quieres cambiar, y te das cuenta de que algunos de los datos con los que trabaja no se le pasaron a la rutina de forma explícita. ¿Cómo haces que las entradas estén más claras?

Divide la rutina. La parte superior reúne los parámetros y los pasa explícitamente a la segunda parte.

Es habitual ver bloques de parámetros pasados en un mapa, lo que dificulta la lectura y la comprensión de qué datos son necesarios. También facilita el tremendo abuso que supone modificar los parámetros para su uso (implícito) posterior.

Por ejemplo, si vemos esto:

```
params = { a: 1, b: 2 }
foo(params)

function foo(params)
    ...params.a... ...params.b...
```

Logramos que los parámetros sean explícitos dividiendo foo:

```
function foo(params)
    foo_body(params.a, params.b)

function foo_body(a, b)
    ...a... ...b...
```

Otro caso de parámetros explícitos es cuando se usan variables de entorno en lo más profundo del código. Haz que los parámetros sean explícitos y después prepárate para subirlos en la cadena de funciones de llamada. De este modo, el código será más fácil de leer, probar y analizar.

CAPÍTULO 11

Separar sentencias

Esta ordenación se lleva el premio a la más simple. Estás leyendo un fragmento de código y te das cuenta: "Anda, esta parte hace esto y después esta otra hace aquello". Pon una línea en blanco entre ambas partes.

Me gusta la extrema simplicidad de este precepto de limpieza, ya que es parte de la filosofía de este libro: no convertir el diseño de software en una tarea de importancia tal que se corra el riesgo de no hacerla. El diseño de software admite el cambio, y un poquito puede facilitarlo en gran medida.

Esto es lo bueno: el interés compuesto. El diseño de software facilita también el diseño de más software, máxima que es tanto una bendición como una maldición. Puedes quedarte atrapado en la vorágine del diseño y olvidarte de hacer el cambio. No dejes que eso ocurra. Bien hecho, el diseño de software permite realizar más diseño de software, lo que posibilita el cambio.

Una vez divididas las sentencias, se pueden seguir varios caminos, como las variables aclaratorias (capítulo 8), la extracción de funciones auxiliares (capítulo 12) o los comentarios aclaratorios (capítulo 14).

CAPÍTULO 12

Extraer funciones auxiliares

Ves un bloque de código dentro de una rutina que tiene una finalidad obvia y una interacción limitada con el resto del código de la rutina. Extráelo como rutina auxiliar o *helper* y asígnale un nombre que haga referencia a su objetivo (no a cómo funciona la rutina).

Los que sepan de refactorización habrán reconocido en este precepto el método de la extracción. Aplicar esta ordenación puede ser difícil sin una refactorización automatizada. Por esa razón conviene estar en un entorno que la ofrezca. Después de todo, estamos en el siglo XXI.

Quiero mencionar un par de casos especiales de extracción de una rutina *helper*. Uno de ellos es cuando hay que cambiar un par de líneas dentro de una rutina más grande. Extrae esas líneas como una función auxiliar, cambia solamente estas y después, si tiene sentido, integra la función modificada de nuevo en la rutina de llamada (normalmente te encariñarás con la función auxiliar y querrás tenerla a mano). De este modo, el siguiente código:

```
rutina()
    ...cosas que se quedan igual...
    ...cosas que hay que cambiar...
    ...cosas que se quedan igual...
```

Se convierte en este:

```
helper()
    ...cosas que hay que cambiar...

rutina()
    ...cosas que se quedan igual...
    helper()
    ...cosas que se quedan igual...
```

(Si has seguido leyendo, esto te parecerá coherente o que crea un elemento de cohesión. Si no, no te preocupes, ya llegaremos a ello).

Otra situación de extracción de función auxiliar es cuando se expresa acoplamiento temporal (se tiene que llamar a a() antes que a b()). Si vemos con frecuencia lo siguiente:

```
foo.a()
foo.b()
```

Entonces creamos esto:

```
ab()
    a()
    b()
```

El cariño no es la única razón para tener a mano las funciones auxiliares. Muchas veces descubrirás que quieres volver a utilizar tu nueva función ayudante horas o incluso minutos después de haberla creado. Las interfaces se convierten en herramientas para pensar en los problemas, pero las nuevas interfaces surgen cuando estamos preparados para pensar de una forma más abstracta, para añadir palabras a nuestro vocabulario de diseño.

No te preocupes por utilizar *helpers* en todas partes donde se puedan aplicar. El uso de auxiliares se puede tratar en otra ordenación (algunas herramientas identifican automáticamente y modifican todos los lugares en los que se puede aplicar una nueva función auxiliar. Que el cielo bendiga a estas herramientas).

CAPÍTULO 13

Todo el código en un solo bloque

A veces leemos código que ha sido dividido en muchos fragmentos de pequeño tamaño, pero de un modo que impide su comprensión. Aglutina tanto como necesites hasta que esté todo en un solo bloque, y ordena a partir de ahí.

El mayor coste del código es el de leerlo y entenderlo, no el de escribirlo. En este libro tendemos al uso de muchos fragmentos pequeños, tanto de una manera teórica, para aumentar la cohesión como ruta para reducir el acoplamiento, como práctica, para reducir la cantidad de detalle que uno puede mantener en la cabeza al mismo tiempo.

El objetivo de esta tendencia hacia lo pequeño es permitir la comprensión del código un poquito cada vez. Pero en ocasiones este proceso sale mal. Dada la forma en la que interactúan los fragmentos pequeños, el código es más difícil de comprender. Para recuperar la claridad, primero el código debe volver a unirse, para poder extraer después nuevas partes más fáciles de entender.

Algunos de los síntomas que buscamos son:

- Listas de argumentos largas y repetidas.
- Código repetido, especialmente condicionales.
- Mala nomenclatura de las rutinas auxiliares.
- Estructuras de datos mutables compartidas.

Dada nuestra tendencia a disponer de muchos fragmentos pequeños, crear un solo bloque resulta extraño en el momento de ordenar, aunque es curiosamente satisfactorio. Intento entender el código por partes, y empiezo a dudar de mis propias capacidades, pero doy un giro de 180 grados y comienzo a agruparlo todo (realmente ayuda tener refactorizaciones automatizadas para esto, pero lo haré manualmente si es necesario). ¡Qué alivio!

A medida que la pila de código crece, la forma empieza a emerger en mi mente. Lo veo: primero calculamos esto y después lo utilizamos para calcular aquello. ¿Por qué no dijeron exactamente eso? Ahora es cuando logro responder a la pregunta inicial: ¿debo ordenar primero? ¿O mejor realizo el cambio que ahora sí puedo ver?

CAPÍTULO 14

Comentarios aclaratorios

¿Sabes ese momento en el que estás leyendo código y dices: "Vaya, así que eso es lo que está pasando"? Es un momento memorable. Recuérdalo.

Anota únicamente lo que no era obvio del código. Ponte en el lugar del futuro lector, o de ti mismo hace quince minutos. ¿Qué es lo que te habría gustado haber sabido? Podrías apuntar algo como esto: "Lo siguiente se complica por la necesidad de reducir al mínimo el número de llamadas a la red".

Escríbele a alguien específico, aunque no sea en absoluto como tú. ¿Eres el único biólogo de tu equipo de científicos informáticos? Entonces podrías explicar cualquier contexto biológico del código, incluso aunque te parezca obvio. La idea es pensar desde la perspectiva de otra persona e intentar resolver estas cuestiones de manera preventiva.

Si te encuentras con un archivo que no tiene comentarios en la cabecera, piensa en añadir una que les diga a los posibles lectores por qué pueden encontrar útil la lectura de este archivo (gracias, Allan Mertner).

El momento inmediatamente posterior a encontrar un defecto es ideal para hacer comentarios. Por ejemplo, `// Asegúrate de cambiar ../foo si añades otro caso`. No es ideal tener ese acoplamiento en tu código. Acabarás teniendo que aprender cómo eliminarlo, pero, mientras tanto, es mucho mejor añadir el comentario que señala el problema del acoplamiento que dejarlo enterrado y sin resolver.

CAPÍTULO 15

Borrar comentarios redundantes

Cuando veas un comentario que dice exactamente lo que dice el código, bórralo.

El objetivo del código es explicar a otros programadores lo que quieres que haga el ordenador. Los comentarios y el código presentan distintos inconvenientes para ti como escritor y para los futuros lectores. Puedes explicar lo que quieras en prosa. Por otro lado, no existe ningún mecanismo para volver a comprobar la prosa a medida que cambia el sistema, y los comentarios pueden acabar siendo redundantes a medida que evoluciona el código.

Algunas personas adoptan una visión estrecha del mandato de comunicar, insistiendo en reglas dogmáticas, como la que afirma que todas las rutinas deben comentarse. Esto da lugar a comentarios como este:

```
getX()
  # return X
  return X
```

Este comentario supone costes sin beneficios. Como escritor, acabas de hacerle perder el tiempo al lector, y el tiempo no se recupera. Si un comentario es totalmente redundante, entonces bórralo.

Las ordenaciones suelen encadenarse una con otra. Una ordenación anterior puede tener un comentario redundante. Por ejemplo, el código original podría tener este aspecto:

```
if (generador)
    ...un montón de líneas de código para configurar el generador...
else
    # no hay generador, entonces devuelve el predeterminado
    return getDefaultGenerator()
```

Tras ordenar con una cláusula de guarda, el código cambia:

```
if (! generador)
    # no hay generador, entonces devuelve el predeterminado
    return getDefaultGenerator()
    ...un montón de líneas de código para configurar el generador...
```

El comentario no es redundante al principio. Hace que nuestra atención vuelva al contexto actual (no hay generador) tras leer un montón de líneas de código en un contexto distinto (generador presente, necesita configuración). Pero, tras ordenar, el comentario es una sencilla sentencia modificada de lo que dice el código. Así que, borrémoslo. Hasta la vista, *auf Wiedersehen*, *bye-bye*.

Hablaremos más del encadenamiento de ordenaciones en la parte II.

PARTE II

Gestionar el orden

El orden es diseño de software que se encarga de ti, de tu relación con tu código y, en última instancia, de tu relación contigo mismo. Se trata de autocuidado para el *geek*.

Con la práctica comprenderás la mecánica de las limpiezas de código. La mayoría requieren soporte no automatizado. Inexplicablemente, los entornos de programación carecen de soporte automatizado para refactorizar incluso ahora, décadas después de que fuera posible disponer de él. Pero no pasa nada. Quiero que te acostumbres a diseñar software de continuo y un poco cada vez. Las ordenaciones son refactorizaciones de puertas de enlace.

Simplemente poder identificar que una ordenación es válida, y aplicarla, no significa que domines los preceptos de limpieza. El título de este libro es *¿Ordenar primero?*, haciendo énfasis en que es una pregunta. Tengo que admitir que el hecho de que uno sepa ordenar no significa que deba hacerlo.

En esta sección sobre la gestión del orden se explica cómo integrarlo en el flujo de trabajo de desarrollo personal:

- ¿Cuándo empezar a ordenar?

- ¿Cuándo dejar de ordenar?

- ¿Cómo combinar las ordenaciones que cambian la estructura del código con las que cambian el comportamiento del sistema?

Empezaremos hablando de cómo interactúan las ordenaciones con las solicitudes *pull requests* (PR) y las revisiones del código.

CAPÍTULO 16

Separar las ordenaciones

Supondremos por el momento que utilizas un modelo de *pull request* (PR, solicitud de incorporación de cambios) o revisión de código (hablaremos más tarde de una alternativa). ¿En qué punto realizas las limpiezas?

Estamos ante un feo caso de bucle infinito:

1. Pongo mis ordenaciones junto con mis cambios de comportamiento.

2. Los colaboradores se quejan de que mis *pull requests* son demasiado largas.

3. Separo las ordenaciones en sus propias solicitudes de incorporación de cambios, antes (lo más probable) o después de los cambios de comportamiento.

4. Los colaboradores se quejan de que las solicitudes PR de las ordenaciones no tienen sentido.

5. Vuelvo al paso 1.

Las ordenaciones tienen que ir en algún lugar, en caso contrario no puedes ordenar. ¿Dónde puedes colocarlas? Resumiendo: en sus propias PR, con las mínimas ordenaciones por solicitud como sea posible.

Analicemos las ventajas y desventajas con más detenimiento. La gente que está aprendiendo a ordenar parece pasar por fases predecibles. En la primera fase solo estamos haciendo cambios, y empezamos con un conjunto no diferenciado de los mismos (figura 16.1).

En este momento estamos arreglando una sentencia if, nos damos cuenta de que un nombre está mal, lo corregimos y volvemos a la sentencia if. El cambio es el cambio.

Tras aprender a hacer ordenaciones, es como si la imagen que vemos en el microscopio se enfocara de repente. Algunos de esos cambios estaban modificando el comportamiento del programa y sus atributos, observados desde la ejecución del programa. Sin embargo, otros, que solamente pueden observarse mirando el código, estaban cambiando la estructura del programa: C=comportamiento, E=estructura (figura 16.2).

Figura 16.1. Conjunto no diferenciado de cambios.

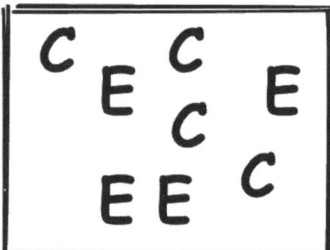

Figura 16.2. Cambios de comportamiento y de estructura.

En este punto todavía no tenemos un plan, y no hay flujo entre el cambio del comportamiento y de la estructura, tan solo la conciencia de que hay dos cosas diferentes en juego.

Después de seguir haciendo esto un rato, empezamos a notar los flujos comunes. Separar las sentencias conduce a funciones auxiliares aclaratorias, que a su vez llevan a facilitar los cambios de comportamiento. Ahora la programación se parece más al ajedrez y es posible adivinar cómo se desarrollará la partida con varios movimientos (o secuencias) de antelación (figura 16.3).

Figura 16.3. Cambios de comportamiento y de estructura en secuencia.

Tengamos en cuenta que en este punto todavía tenemos una gran *pull request*. Estamos en el paso 1 del bucle. Cada movimiento realizado era intencionado, dirigido a hacer cambios sencillos o a facilitar la realización de esos cambios. Pero, si se combina todo, es un lío. Los colaboradores se negarán.

Así que dividimos nuestros cambios en solicitudes separadas. Las secuencias de ordenaciones (o incluso solamente una) van en una sola PR. Cada vez que alternamos entre ordenación y comportamiento de cambio, abrimos una nueva PR (figura 16.4).

Figura 16.4. Cambios de comportamiento y estructura en PR separadas.

Es un problema elegir la forma de agrupar o dividir las solicitudes PR. Piensa en ello como si fuera un incentivo. Una solicitud grande que lo incluya todo muestra la imagen completa, pero puede ser demasiado para que un colaborador ofrezca comentarios útiles. Las solicitudes minúsculas invitan a hacer comentarios, pero con el riesgo de desviarse del tema.

La latencia de la revisión es también un incentivo. Si el código se revisa rápidamente, entonces te animas a crear más PR de menor tamaño. Esas solicitudes más orientadas animan a producir revisiones aún más rápidas. Del mismo modo, este bucle de refuerzo puede funcionar hacia atrás, con revisiones lentas animando grandes PR, ralentizando posteriormente futuras revisiones.

En cuanto te sientas cómodo con el proceso de limpieza, con el trabajo en pequeños pasos y con absoluta seguridad, te animo a experimentar a no pedir revisiones para ordenar *pull requests*, ya que eso reduce aún más la latencia, incentivando solicitudes aún más pequeñas.

CAPÍTULO 17

Encadenar ordenaciones

Las ordenaciones son como las patatas fritas. No puedes comer solo una. Gestionar la urgencia de seguir ordenando es una habilidad de ordenación esencial. Acabas de limpiar; ¿deberías seguir? Depende (en la parte III veremos de qué depende).

El tamaño del paso que des depende de ti, pero te animo a que experimentes con nuestra tendencia a los pasos pequeños. Optimiza cada paso. Desde fuera parecerá que estás corriendo, pero, como hacen los ciempiés, sabrás que estás dando muchos pasitos pequeños.

Ordenar se convierte en una partida de ajedrez, con movimientos que se hacen visibles con antelación. Veamos cómo las ordenaciones configuran otras posteriores:

- **Cláusula de guarda:** En cuanto configures una cláusula de guarda, la condición puede beneficiarse de convertirse en una función auxiliar aclaratoria o extraída a una variable aclaratoria.

- **Código muerto:** Una vez eliminado el desorden del código muerto, quizá seas capaz de ver cómo ordenar el código en orden de lectura o de cohesión.

- **Normalizar las simetrías:** En cuanto hayas hecho idéntico el código idéntico y distinto el código distinto, serás capaz de agrupar código completamente paralelo en orden de lectura. Lo hice una vez con un archivo que contenía varios puntos de entrada web. En cuanto todos se parecían, lo natural era agruparlos en la parte superior del archivo, como una especie de índice de contenido para el resto del código.

- **Nueva interfaz, antigua implementación:** En cuanto tengas tu interfaz nuevecita, querrás utilizarla. Si no dispones de las herramientas de reescritura automatizadas para convertir todas las funciones llamadoras, tendrás que convertirlas una a una. Es la primera vez que veo *fanout* (cuando una ordenación da lugar a muchas más, cada una de las cuales puede dar lugar a otro montón más; hablaremos de esto cuando expliquemos el acoplamiento y las leyes potenciales).

- **Orden de lectura:** Tras establecer el orden de lectura, quizá veas la oportunidad de normalizar simetrías. Antes, los elementos estaban tan alejados que no eras capaz de ver las similitudes.

- **Orden de cohesión:** Los elementos agrupados por orden de cohesión son candidatos a ser extraídos a un subelemento. Crear, por ejemplo, un objeto auxiliar está fuera del alcance de la ordenación. Pero, a medida que te sientas cómodo y confiado con la ordenación, es natural ver cambios de diseño a gran escala, que facilitarán posteriores cambios de comportamiento.

- **Variables aclaratorias:** El lado derecho de la asignación en una variable aclaratoria es candidato a función auxiliar (tras de lo cual quizá puedas integrar la variable). La explicación ofrecida por el nombre de la variable puede posibilitar el borrado de comentarios redundantes.

- **Constantes aclaratorias:** Extraer una constante aclaratoria da lugar a orden de cohesión. Agrupar constantes que cambian en sincronía facilita cambios futuros.

  Existen filosofías enteras sobre dónde colocar constantes y cómo organizarlas. No entraré aquí en detalle; elige lo que te facilite el trabajo.

- **Parámetros explícitos:** Después de hacer explícitos los parámetros, quizá puedas agrupar un conjunto de los mismos en un objeto y mover código a dicho objeto. Esto queda fuera del alcance de la ordenación, pero mantente atento a nuevas abstracciones que se revelen según vas ordenando. Las abstracciones más potentes que quizá descubras derivan de la ejecución de código. Nunca podrías haberlas creado especulando.

- **Separar sentencias:** Puedes anteponer un comentario aclaratorio a cada tramo de sentencias; también puedes extraer un grupo como *helper* aclaratorio.

- **Extraer funciones auxiliares:** Tras extraer una función *helper*, podrías introducir una cláusula de guarda, extraer constantes y variables aclaratorias o borrar comentarios redundantes.

- **Todo el código en un solo bloque:** Tras crear un gran caos muy evidente, lo normal es ordenar separando sentencias, añadiendo comentarios aclaratorios y extrayendo funciones auxiliares.

- **Comentarios aclaratorios:** Mueve la información del comentario al código si es posible, introduciendo una variable, una constante o una función aclaratoria.

- **Borrar comentarios redundantes:** Eliminar el ruido que crean los comentarios redundantes puede ayudarte a observar un orden de lectura mejor o ver la posibilidad de crear parámetros explícitos.

Ya que he sido acusado de ser "anticomentarios", voy a hacer énfasis de nuevo en que solo deberías borrar comentarios absoluta y completamente redundantes, y también deberías limpiar vigilando la inclusión de comentarios absoluta y completamente redundantes. Tu trabajo como diseñador de software es prepararte a ti mismo y a tu equipo para el éxito, ahora mismo y en el futuro.

Como el cambio es el coste dominante del desarrollo de software y comprender el código es el coste dominante del cambio, comunicar la estructura e intención del código de trabajo es una de las habilidades más valiosas que puedes practicar. Los comentarios son una forma de comunicación, pero ordenar te permite explorar sus límites mediante los otros elementos de la programación.

Conclusión

Empezarás a encadenar ordenaciones para lograr cambios mayores en la estructura de tu código. Pero cuidado con cambiar demasiado y demasiado rápido. Una ordenación fallida es cara en comparación con el coste de una serie de limpiezas exitosas. Practica las ordenaciones como las notas de una escala musical. Cuando las notas son limpias y relajadas, puedes convertirlas en melodías.

CAPÍTULO 18

Tamaños de lote

¿Cuántas ordenaciones deberías realizar antes de integrar y desplegar?

Para contestar a esto conviene tener en cuenta un par de consideraciones importantes:

- ¿Cuántas ordenaciones necesitas hacer? Es decir, si definimos "ordenación" como cambios estructurales respaldando el siguiente cambio de comportamiento, entonces, ¿cuántos cambios estructurales tienes que hacer para respaldar el siguiente cambio de comportamiento? La limpieza de código no es mirar hacia un futuro lejano, sino que satisface una necesidad inmediata (hablaremos más de esto en el capítulo 21).

- ¿Cuántas ordenaciones serán fáciles de integrar y desplegar?

En el capítulo 16 hablé de no mezclar ordenaciones y cambios de comportamiento. Pero aún queda sin responder la pregunta abierta de si agrupar en lotes todas nuestras ordenaciones, hacerlas todas por separado o un punto intermedio (figura 18.1).

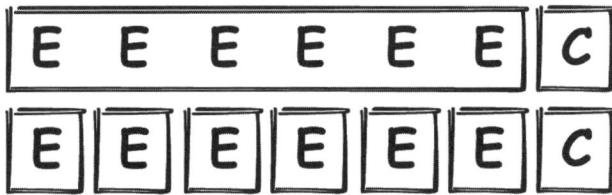

Figura 18.1. Cambios de estructura agrupados en lotes o por separado.

Esto nos sitúa en terreno problemático, también conocido como el dilema de Ricitos de Oro. ¿Cuáles son los costes competitivos que nos permiten evaluar lo que constituyen demasiadas ordenaciones por lote, demasiado pocas y la cantidad justa (figura 18.2)?

Ordenaciones/lote

Menos   Más

Figura 18.2. Zona problemática de las ordenaciones por lote.

La figura 18.3 muestra los costes que surgen a medida que añadimos ordenaciones a un lote.

Colisiones
Interacciones
Especulación

Ordenaciones/lote

Menos   Más

Figura 18.3. Costes que surgen a medida que los lotes crecen.

Entre ellos se incluyen:

- **Colisiones:** Cuantas más ordenaciones por lote haya, más largo es el retardo antes de integrar, y mayores las posibilidades de que una ordenación colisione con un trabajo que está realizando otra persona. En cuanto encontramos un conflicto de fusión, el coste de fusionar nuestro trabajo aumenta considerablemente (recuerda, por favor, que todos estos "números" son solo precisos direccionalmente hablando, y están destinados a ayudar a entrenar tu intuición).

- **Interacciones:** Del mismo modo, la posibilidad de que un lote cambie accidentalmente el comportamiento aumenta con el número de ordenaciones realizadas en el lote. También los costes de la fusión se elevan enormemente cuando tenemos una interacción.

- **Especulación:** Sé que dijimos que solo íbamos a ordenar lo suficiente como para respaldar el siguiente cambio de comportamiento, pero bueno. Cuantas más ordenaciones tengamos por lote, más propensos somos a ordenar porque sí, con todos los costes adicionales que ello genera.

Todos estos factores reducen el número de ordenaciones que queremos que se realicen en un lote antes de integrar y desplegar (que es lo mismo, ¿verdad?). Sin embargo, ahí afuera veo grandes lotes de ordenaciones. ¿Qué más está pasando? Echa un vistazo a la figura 18.4.

Figura 18.4. Los costes de la revisión suben a medida que los lotes se reducen.

En muchas empresas, el coste fijo de conseguir un solo cambio mediante revisión y despliegue es significativo. Los programadores sienten este coste, de modo que se mueven justamente en el espacio problemático, incluso cuando los costes de las colisiones, interacciones y especulación aumentan.

¿Qué podemos hacer?

Algunas personas actúan como si estas curvas de coste estuvieran grabadas en tablas de piedra, leyes de la física del universo de desarrollo que simplemente habitamos. No. Si queremos reducir el coste de la ordenación, incrementando así el orden y reduciendo el coste de la realización de cambios de comportamiento, entonces podemos reducir el coste de la revisión (figura 18.5).

Figura 18.5. Reducir el coste de la revisión para reducir el coste de la ordenación disminuyendo los lotes.

Tú y tu equipo tendréis que averiguar cómo reducir exactamente el coste de la revisión. En equipos con confianza y una cultura sólida, las ordenaciones no necesitan revisión. El riesgo de las interacciones se ha reducido tanto, que las ordenaciones no revisadas no desestabilizan el software.

Alcanzar el nivel necesario de seguridad y confianza para eliminar la revisión de las ordenaciones es un trabajo de meses. Practicar, experimentar y revisar juntos los errores.

CAPÍTULO 19

Ritmo

Volvamos al principio. Estás ordenando para facilitar los futuros cambios en el comportamiento del sistema. Estás facilitando futuros cambios de comportamiento porque tú lo vales (más tarde hablaremos de economía, por si alguien se opone). ¿De qué estamos hablando? ¿De un breve momento, y luego vuelta a la carga? ¿De horas y horas de feliz ordenación?

Parte del arte de gestionar el orden consiste en controlar el ritmo. En el capítulo anterior vimos esta imagen (figura 19.1), que anima a ordenar en lotes más pequeños.

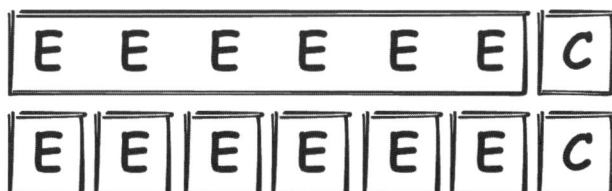

Figura 19.1. Cambios en la estructura ordenados en lote juntos o separados.

¿Cuánto tiempo representa una de estas sucesiones de cambios de estructura seguidos de un cambio de comportamiento?

Pues bien, el diseño de software es fractal, por lo que podría ser cualquier escala de tiempo. Para los objetivos de este libro, sin embargo, estamos hablando de minutos, máximo una hora. Probablemente, más de una hora seguida de orden antes de realizar un cambio de comportamiento significa que has perdido de vista el conjunto mínimo de cambios de estructura necesarios para permitir el cambio de comportamiento deseado.

Pero otra posibilidad es que el código esté tan desordenado que se pueda ordenar provechosamente durante horas antes de realizar un cambio de comportamiento. Si esto es cierto, no lo será por mucho tiempo. El diseño de software tiene una fuerte tendencia a "allanar el camino".

Si no habías oído la historia, es la siguiente: una universidad construyó un montón de edificios, y los ingenieros trataban de averiguar dónde poner senderos para moverse entre ellos. En lugar de hacer conjeturas, plantaron césped en todas las áreas entre edificios.

Unos meses más tarde, los pies de los estudiantes habían abierto caminos en la hierba, así que los ingenieros pavimentaron las zonas que habían quedado lisas.

Los cambios de comportamiento tienden a agruparse en el código. Según Pareto, el 80 % de los cambios se producirán en el 20 % de los archivos. Uno de los aspectos más bellos de ordenar primero es que las ordenaciones también se agrupan, y lo hacen exactamente en los puntos más atractivos para los cambios de comportamiento.

Incluso si al principio ordenas mucho, pronto te encontrarás queriendo hacer un cambio de comportamiento en código que ya está ordenado. Continúa un poco más, y la mayoría de los cambios se producirán en áreas del código ya ordenadas. Con el tiempo, encontrarse con código desordenado será la excepción, aunque la mayoría del código del sistema no se haya tocado.

Por eso me atrevo a decir que ordenar es una actividad que dura entre minutos y una hora. Sí, en ocasiones se alarga, pero no mucho.

CAPÍTULO 20

Organización

Estás cambiando el comportamiento de parte del código. Ves una ordenación que facilitaría el cambio. Ordenas. Después escribes otra situación de prueba. Ahora tienes que cambiar el comportamiento un poco más, lo que conduce a más ordenaciones. Una hora más tarde:

- Comprendes realmente todos los cambios de comportamiento que hay que realizar.
- Comprendes realmente todas las ordenaciones que facilitan esos cambios de comportamiento.
- Tienes las ordenaciones y los cambios hechos un desastre, todos enredados.

Al menos tienes tres opciones, ninguna de ellas demasiado atractiva:

- Lanzarlo tal cual. Es una solución nada educada para los colaboradores y tiene tendencia a los errores, pero es rápida.
- Desenmarañar las ordenaciones y cambios y dividirlos en PR separados, o en una secuencia de solicitudes, o en una secuencia de *commits* en una sola *pull request*. Esto es más educado, pero puede suponer mucho trabajo.
- Desechar el trabajo que llevas realizado y empezar de nuevo, ordenando primero. Es más trabajo, pero deja una cadena de compromisos coherente.

La falacia del coste irrecuperable complica la elección entre estas opciones. Tienes pruebas nuevas que son aprobadas. ¿Por qué querrías descartar todo esto?

La respuesta, como siempre, es porque no solo estás instruyendo a un ordenador, sino que estás explicando a otras personas tus intenciones con ese ordenador. El camino más corto para instruir al ordenador no es un objetivo interesante.

A estas alturas del libro quizá no te sorprenda que yo te haya animado a experimentar con la última opción. La reimplementación abre la posibilidad de que veas algo nuevo a medida que vuelves a implementar, lo que te permite extraer más valor del mismo conjunto de cambios de comportamiento.

El acto de desentrañar algo comienza con la conciencia de que existe desorden. Cuanto antes seas consciente de la necesidad de desembrollar algo, menor será la tarea a realizar (y menos importancia adquiere la decisión de qué estrategia emplear).

Cuando empieces a ordenar de manera consciente, ya sea antes o después, probablemente te pierdas la transición entre "navegar y realizar cambios" y "oh, no, ¿qué es lo que he hecho?". No te preocupes. Con el tiempo irás mejorando en la secuenciación de ordenaciones y cambios.

Hablando de "antes o después", es hora de hablar de momentos en el tiempo.

CAPÍTULO 21

Primero, después, más tarde, nunca

Hablemos del momento en el que realizar la ordenación con respecto a un cambio de comportamiento en el sistema. ¿Ordeno primero y después cambio el comportamiento? ¿Cambio el comportamiento y después ordeno? O, simplemente, ¿anoto el desorden (en el sentido de que los futuros cambios de comportamiento van a ser más difíciles de lo que solían ser), y vuelvo más tarde a ordenar? O ¿no ordeno nada en absoluto?

Nunca

Empecemos por el último. Como siempre, tenemos que evaluar los inconvenientes de no ordenar nada en absoluto.

Es decir, averiguar cuándo tendríamos que decir "sí, esto es un desorden total, pero ¿elegimos conscientemente no hacer nada al respecto?". La mejor razón para ello es que nunca jamás vamos a lograr cambiar el comportamiento del código.

Afirmo esta condición con tanta vehemencia porque es raro que el código nunca necesite realmente que se le cambie el comportamiento. No obstante, ocurre. Para sistemas realmente estáticos, la máxima "si no está roto, no hay que arreglarlo" se aplica de un modo razonable.

Más tarde

Algunos piensan que ordenar más tarde es pura fantasía, un unicornio, un político honesto. El estado mitológico de ordenar más tarde se emplea como justificación para ordenar en exceso ahora, ya sea antes o después. Estoy aquí para avisarte de que de verdad puedes ordenar más tarde. Aunque quizá no te guste el requisito previo.

¿Tienes tiempo suficiente para hacer tu trabajo? No estoy preguntando si tienes mucho tiempo, porque por supuesto la respuesta es no. No estoy preguntando si tienes más trabajo que tiempo para hacerlo, porque por supuesto la respuesta es sí. Pregúntate lo siguiente:

"¿Cómo trabajaríamos si tuviéramos más tiempo?". Si la respuesta es de un modo radicalmente distinto a lo que estás haciendo ahora, entonces no, no tienes tiempo suficiente para hacer tu trabajo.

Pero te invito a examinar esta suposición de que no tienes tiempo suficiente para hacer tu trabajo. He trabajado con grandes empresas de éxito, larga vida y beneficios altos que, simplemente, seguían creyendo, frente a la evidencia de ser grandes, exitosas, de larga vida y beneficios altos, que no ha habido ni habrá nunca tiempo suficiente para hacer el trabajo. Parece extraño, como un pájaro cuestionando las leyes de la física y cayendo de repente del cielo.

¿Qué harías si, temporal y provisionalmente, creyeras que sí tenías tiempo suficiente para hacer tu trabajo? Podrías hacer una lista de áreas desordenadas que ordenar más tarde (a la que yo llamo mi lista de diversión, porque tengo una curiosa noción de lo "divertido"). Luego, en lugar de saltar febrilmente a la siguiente tarea que implementar, podrías mirar tu lista de diversión y pensar: "Tengo una hora. No quiero empezar algo grande. ¿Por qué no me tomo un descanso en el punto 4?". Entonces podrías hacerlo.

Eso es ordenar más tarde. Puede ocurrir. Pruébalo. Verás como entonces ocurrirá.

La ordenación permite realizar cambios en el comportamiento del sistema con mayor facilidad (mediante mecanismos que exploraremos en la siguiente parte del libro). Si hay un área del sistema que tiene garantizado el cambio ("garantizado" es palabra dura), entonces ordenar en esa área en general crea valor si simplifica dichos cambios futuros.

Ordenar más tarde (es decir, sin que la limpieza esté asociada a un cambio de comportamiento inmediato) genera valor de otras dos maneras. Una de ellas es reduciendo el impuesto de desorden. Estás migrando de una API antigua a otra nueva. Has cambiado los puntos de llamada inmediatamente afectados, pero tienes otros cien más para migrar más tarde. Cuando ya los has pasado todos, puedes eliminar la antigua API. No obstante, hasta entonces, tienes que reflejar en la API antigua los cambios realizados en la nueva.

Ordenar todos esos puntos de llamada no es una tontería sin sentido. En cuanto realizas todos los cambios, una cierta clase de los mismos resulta más barata. Quizá no tengas una necesidad apremiante de reducir ese coste, pero, si te quitas la piedra del zapato, caminarás mejor.

Otra razón para ordenar más tarde es para utilizarlo como herramienta de aprendizaje. El código "sabe" cómo desea ser estructurado. Si escuchas y pasas el código de su estructura actual a la deseada, probablemente aprendas algo. Ordenar es una estupenda forma de ser consciente de las consecuencias exactas de tu diseño. Ordenar ilumina el diseño tal y como debería ser.

Finalmente, ordenar más tarde te hace sentir bien. El desarrollo de software es un proceso humano. Somos humanos, y tenemos necesidades humanas. A veces no tengo la energía suficiente como para enfrentarme a una nueva tarea, pero quiero trabajar. Marcar una tarea como hecha en la lista de diversión produce alegría. No subestimes lo que mejora tu calidad como programador cuando eres feliz.

Después

Tienes que cambiar un comportamiento. El código es un desastre, y no ves cómo ordenarlo. Cambias el comportamiento de todos modos (bien por ti; el desorden no es excusa). Pero, de repente, vislumbras cómo el cambio que hiciste podía haber sido más fácil. ¿Ordenas después?

Depende. ¿Vas a volver a cambiar el comportamiento en esta misma área alguna vez? (Probablemente sí, por razones en las que entraremos en la siguiente sección, pero en cualquier caso sigue aplicando tu juicio). Si vas a cambiar de nuevo esa área, entonces el enfoque de ordenar después tiene un cierto sentido.

¿Por qué no solo ordenar primero la siguiente vez que necesites cambiar un comportamiento en esta área? Más tarde podría ser más difícil. Quizá justo ahora te hayas olvidado del contexto que facilita la ordenación. Otros cambios pueden haber interferido con la ordenación que querrías hacer ahora. Si esperar a ordenar en una fecha posterior aumenta notablemente el coste de la ordenación, piensa en hacerlo ahora.

Además, ¿de cuánta ordenación estamos hablando? Digamos que el cambio de comportamiento te llevó una hora. Pasar una hora ordenando después tiene sentido. ¿Pasarse una semana ordenando después? Esto no lo tiene. Eso va a la lista de diversión.

Así que, claro, ordena después si:

- Vas a cambiar la misma área de nuevo, y vas a hacerlo pronto.
- Es más barato ordenar ahora.
- El coste de la ordenación es más o menos el mismo en proporción al coste de los cambios de comportamiento.

Primero

Por fin, terminando la segunda parte del libro, logramos una respuesta a la pregunta planteada por su título. ¿Ordenar primero? Y la respuesta es...

Depende.

A veces me gusta mi trabajo. Sí, claro, por supuesto que depende, pero ¿de qué? Necesito cambiar el comportamiento de este código, y está desordenado. ¿Ordeno primero? Formúlate estas preguntas:

- ¿Cuánta más dificultad supone el cambio desordenado? Si la ordenación no te facilita en absoluto las cosas, no ordenes primero.
- ¿Cuánta inmediatez proporciona el beneficio de ordenar? Digamos que no estás preparado para cambiar todavía el comportamiento, y tan solo estás leyendo código para entender. Ordenar te ayuda a comprender más rápido. Así que, sí, ordena primero.

- ¿Cómo se amortizará esta ordenación? Si solo has cambiado este código una vez en alguna ocasión, entonces piensa en limitar tus ordenaciones. Si el orden te rentará semanalmente durante años, adelante.

- ¿Qué seguridad tienes de hacer la ordenación? Aléjate de la especulación. "Puedo ver el desorden aquí mismo. Si ha desaparecido, entonces este cambio será fácil". Pero esto también puede ser: "ordenar esto me permitirá entender con mayor facilidad. Ya sé por qué estoy confuso en este momento".

En general, tiende a ordenar primero, pero ten cuidado cuando la ordenación se convierte en un fin en sí mismo. Las ordenaciones que he catalogado son diminutas, de manera que no tengas que pensar demasiado al aplicarlas. Si ordenas y no te supone beneficio, no es un buen acuerdo. La tendencia a ordenar no debería costarte mucho, y la mayoría de las veces obtendrás beneficio.

Resumen

No ordenes nunca cuando:

- Nunca vayas a cambiar este código de nuevo.

- No vayas a aprender nada mejorando el diseño.

Ordena más tarde cuando:

- Tengas un gran lote de ordenaciones que realizar sin beneficio inmediato.

- Obtengas un beneficio ocasional por completar la ordenación.

- Puedas ordenar en pequeños lotes.

Ordena después cuando:

- Será más caro esperar hasta la próxima vez que ordenes primero.

- No tendrás la sensación de haber terminado si no ordenas después.

Ordena primero cuando:

- Obtengas beneficio inmediato, o bien en una mejor comprensión o en cambios de comportamiento más baratos.

- Sepas qué ordenar y cómo hacerlo.

PARTE III

Teoría

Ahora que ya hemos visto qué ordenar, y cómo y cuándo hacerlo, podemos hablar de por qué hacerlo. No es necesario saber exactamente cómo funciona un medicamento para experimentar sus efectos, pero conocer su funcionamiento permite apreciarlo mejor y utilizarlo en circunstancias nuevas.

La teoría no convence. Nadie va a decir: "Ordenar es una sandez. Pero, espera, estás creando opciones. Parece que después de todo es una buena idea".

Entender la teoría optimiza la aplicación. Las preguntas de siempre en diseño de software son estas:

- ¿Cuándo empiezo a tomar decisiones en diseño de software?
- ¿Cuándo dejo de tomar decisiones en diseño de software y sigo cambiando el comportamiento del sistema?
- ¿Cómo tomo la siguiente decisión?

Estas preguntas no tienen una respuesta racional y lógica, porque la información necesaria para encontrar esas respuestas no existe al formular las preguntas.

Comprender la teoría agudiza nuestro juicio cuando hay que responder a estas preguntas especulando, y además permite discrepar constructivamente con otros colegas *geeks*.

En ocasiones, cuando yo quiero hacer X y tú quieres hacer Y, el objeto de nuestra discrepancia es sencillo. Ambos estamos intentando conseguir el mismo objetivo de distintas maneras. La teoría ayuda cuando nuestro desacuerdo es más profundo. Cuando intentamos alcanzar objetivos diferentes es cuando resulta útil compartir un marco teórico.

Si no estamos de acuerdo en nuestros principios y podemos debatirlos, tendremos una oportunidad de ponernos de acuerdo antes. También tenemos una posibilidad de aprender unos de otros. Cuando nos bloqueamos en "X", "no, Y", estamos atrapados en una batalla de voluntades que, con toda probabilidad, se resolverá a través de nuestras posiciones relativas de poder en nuestra relación.

Esta parte del libro resuelve las siguientes cuestiones:

1. ¿Qué es el diseño de software?

2. ¿Cómo influye el diseño de software en el coste de su desarrollo y explotación, y cómo influye este mismo coste en el diseño de software?

3. ¿Qué ventajas y desventajas tiene invertir en la estructura de software y no hacerlo?

4. ¿Qué principios, económicos y humanos, podemos utilizar para informar sobre si cambiar la estructura del software y cómo hacerlo?

Hemos empezado este viaje diciendo que "el diseño de software es un ejercicio de relaciones humanas". Este libro se centra principalmente en tu relación contigo mismo: ¿te valoras lo suficiente como para facilitarte el trabajo antes de hacerlo? Pero este no es más que el primer tramo del viaje. En esta sección, consideraremos uno de los aspectos más persistentes y complicados de las relaciones humanas: el dinero.

CAPÍTULO 22

Elementos relacionados de forma beneficiosa

¿Qué es el diseño de software? No soy partidario de empezar con definiciones, pero a estas alturas apenas estamos empezando. Hemos visto ejemplos de lo que entiendo por diseño. Hemos visto cómo se encadenan las decisiones individuales para lograr objetivos más amplios. Hemos vislumbrado inicialmente lo que quiero decir con que "el diseño de software es un ejercicio de relaciones humanas". Ahora ya puedo aclarar lo que entiendo por "diseño de software": elementos relacionados de forma beneficiosa.

No son muchas palabras para un gran concepto. Cada palabra debe tener un peso considerable. Separémoslas y volvamos a juntarlas después.

Elementos

Las estructuras básicas tienen partes.

Orgánulo → órgano → organismo.

Átomos → moléculas → cristales.

En nuestro mundo: *tokens* → expresiones → sentencias → funciones → objetos/módulos → sistemas.

Los elementos tienen límites, y sabemos dónde empiezan y dónde acaban.

Los elementos contienen subelementos. En nuestro mundo nos gusta tener jerarquías homogéneas (según el patrón de diseño Composite). Las jerarquías naturales, como los ejemplos anteriores, no son homogéneas. Los subelementos contenidos difieren del contenedor (no estoy seguro de que este punto sea muy importante, pero me gusta tenerlo presente; algún día escribiré un libro realmente filosófico sobre el diseño de software como proceso natural).

Relacionados

Muy bien, así que tenemos una jerarquía de elementos, que existen relacionados unos con otros. Una función llama a otra. Las funciones son los elementos. "Llama a/llamada por" es la relación. En el mundo natural tenemos relaciones como "come", "da sombra" y "fertiliza".

En diseño de software, tenemos un montón de relaciones como estas:

- Invoca.
- Publica.
- Escucha.
- Se refiere a (como cuando se obtiene el valor de una variable).

De forma beneficiosa

Aquí es donde ocurre la magia. Un diseño es tener una sola sopa gigantesca de diminutos subelementos. Piensa en el lenguaje ensamblador con un espacio de nombres global. Este programa funcionaría. Se comportaría, desde el punto de vista de un observador externo, exactamente igual que un programa bien diseñado. No obstante, enseguida seríamos incapaces de cambiarlo. Habría demasiadas relaciones, con frecuencia implícitas, entre los elementos.

Cuando diseñamos, creando elementos intermedios entre las instrucciones de código máquina y el código general, esos elementos empiezan a beneficiarse unos de otros. La función A puede ser más sencilla porque la función B se encarga de la complejidad de una parte del cálculo.

Elementos relacionados de forma beneficiosa

Una lectura de la frase "elementos relacionados de forma beneficiosa" empieza por "el diseño es...". ¿Qué es el diseño? Son los elementos, sus relaciones y los beneficios derivados de esas relaciones.

Otra lectura empieza por "los diseñadores son...". ¿Qué hacen los diseñadores? Relacionan elementos de forma beneficiosa. Desde esta perspectiva, los diseñadores de software solo pueden:

- Crear y borrar elementos.
- Crear y borrar relaciones.
- Aumentar el beneficio de una relación.

Así de fácil, ¿verdad? (← aviso de sarcasmo).

Tomemos uno de mis ejemplos favoritos. Tengo un objeto que invoca a otro dos veces en una función:

```
caller()
    return box.width() * box.height()
```

La función llamada tiene dos relaciones con la caja (*box*), que son las de invocar las dos funciones. Llevemos la expresión a la caja:

```
caller()
    return box.area()

Box>>area()
    return width() * height()
```

Desde un punto de vista de diseño, hemos creado un nuevo elemento, `Box.area()`, y hemos ajustado la relación entre la función que llama y la caja. Ahora están relacionadas con una sencilla invocación de función, con el beneficio de que la función llamadora es más sencilla y el coste de que `Box` es una función más grande.

Cuando hablo de la estructura del sistema, estoy hablando de:

- La jerarquía de elementos.
- Las relaciones entre elementos.
- Los beneficios creados por esas relaciones.

Ahora podemos hacer una distinción más firme entre la estructura y el comportamiento del sistema.

CAPÍTULO 23

Estructura y comportamiento

El software genera valor de dos maneras:

- Con lo que hace hoy.

- Con la posibilidad de cosas nuevas que podemos hacer que haga mañana.

"Lo que hace hoy" es el comportamiento del sistema, por ejemplo, calcular la nómina, enviar pedidos, notificar a amigos (y sí, todos los sistemas de software son sistemas sociotécnicos, pero todavía no vamos a diseñar la parte "socio").

El comportamiento se puede caracterizar de dos maneras:

- **Pares entrada/salida:** Tantas horas con este salario deberían dar lugar a un sueldo como este y a una declaración de impuestos como aquella.

- **Invariantes:** La suma de todos los beneficios debería ser igual a la suma de todas las deducciones.

El comportamiento genera valor. En lugar de tener que calcular un montón de números a mano, el ordenador puede calcular millones de ellos cada segundo. Resulta que la gente pagará por no tener que calcular números a mano. Si ejecutar el software cuesta un euro de electricidad y puedes cobrar 10 euros a cada persona por ejecutarlo en su nombre, entonces tienes un negocio.

En teoría, este negocio podría funcionar para siempre, produciendo 10 euros por cada euro invertido. Sabemos que esto es una simplificación excesiva. La podredumbre es real. Algo siempre está cambiando. Para mantenerse en el río hay que remar constantemente. Pero, a los efectos de la distinción que estoy dibujando, esto es bastante bueno por el momento.

¿Sabes qué es mejor que una máquina que escupe 10 euros por cada euro que introduces? Una máquina que escupe 100 euros por cada 10 euros que pones, o 20 euros por cada euro. ¿Cómo vamos a llegar a obtener esa máquina mejorada?

En una palabra, opcionalidad. La mera presencia de un sistema que se comporta de una determinada manera cambia el deseo de cómo debería comportarse (principio de incertidumbre de Heisenberg). Por mucho que se pague por la máquina de los 10/1 euros, se pagará más por otra que pueda convertirse en una máquina de 100/10 euros o 20/1 euros, aunque no se sepa en cuál.

Este es el secreto que tardé décadas en asimilar. No tuve que cambiar el comportamiento de mi sistema para hacerlo más valioso. Tan pronto como añadí las opciones de lo que podría hacer a continuación, ya había ganado dinero (me zambullí en el mundo de las fórmulas de valoración de opciones para consolidar realmente este conocimiento, pero confío en que descubras cómo convencerte a ti mismo).

Las opciones son la magia económica del software, especialmente la opción de expansión. Si puedes construir 1000 coches, no tienes garantía de poder construir 100 000. Pero, si puedes enviar 1000 notificaciones, casi seguro que puedes, con un poco de esfuerzo, enviar 100 000 (cuando alcanzamos los límites exteriores de la tecnología, la expansión se vuelve menos segura pero, en un crecimiento inicial, no es arriesgada).

Una de las mejores cosas de las opciones es que cuanto más volátil es el entorno, más valiosas resultan. Esta fue parte de la motivación que me hizo añadir el subtítulo "*Embrace Change*" ("Abraza el cambio") a mi libro *Extreme Programming Explained*. Cuando era un joven ingeniero, me aterrorizaba que una situación aparentemente resuelta se volviera caótica. Cuando aprendí a mejorar la opcionalidad, vi el caos como una oportunidad.

¿Qué interfiere con las opciones? Estas son algunas situaciones que reducen el valor de las opciones integradas en tu software:

- Un empleado clave dimite. Los cambios que habrían necesitado días ahora tardan meses.

- Te distancias de tus clientes. Si obtienes una sugerencia estimulante una vez al mes en lugar de una vez al día, tienes menos opciones.

- El coste de los cambios se dispara. En lugar de poder ejercer una opción al día, solo puedes ejercer una opción al mes. Menos opciones, menos valor.

Nada que esté dentro del ámbito de este libro aborda directamente las dos primeras situaciones reductoras de opciones, pero podemos reaccionar ante la tercera. Podemos mantener la cocina limpia mientras cocinamos.

La estructura del sistema no afecta a su comportamiento. Una función grande y un montón de pequeñeces, y sale el mismo sueldo. La estructura crea opciones. La estructura podría facilitar la incorporación de nuevos países al cálculo de nuestra nómina o podría dificultarla.

Este es el problema: la estructura no es legible del mismo modo que el comportamiento. Hay una razón por la que las hojas de ruta de los productos son listas de características (cambios de comportamiento). Es fácil ver cuando cambia el comportamiento: aparece un botón que no estaba ahí antes.

Aunque sabemos que tenemos que invertir en estructura para mantener y expandir la opcionalidad, realmente no podemos decir que lo hemos hecho. ¿Es más fácil cambiar el código? ¿De verdad? No sabemos si hemos hecho lo suficiente. Si invirtiéramos más en la estructura, ¿el código sería aún más fácil de cambiar? ¿De veras? No podemos saber si hemos hecho las inversiones adecuadas en estructura. ¿Los cambios de estructura que hicimos fueron la mejor forma de hacer el código más fácil de cambiar? ¿Estás seguro?

Por eso la gente se confunde con los cambios de estructura de formas que no lo hacen con los cambios de comportamiento. Este libro no está aquí para responder a esas preguntas por ti; está para ayudarte a responderlas por ti mismo. Empieza por entender que tanto los cambios de estructura como de comportamiento son formas de generar valor, pero fundamentalmente distintas. ¿Cómo? En una palabra, reversibilidad.

CAPÍTULO 24

Economía: el valor temporal y la opcionalidad

De alguna forma llegué a mediados de los 30 sin entender nada de la naturaleza del dinero. Podía comprar y vender cosas, podía "ganar" dinero, pero no entendía en absoluto la física de los movimientos de dinero.

La informática vino al rescate. Una serie de proyectos relacionados con las finanzas me obligaron a programar conceptos básicos relacionados con el dinero. Como la programación es mi forma de entender el mundo, empecé a comprender el dinero. Con el tiempo, las lecciones calaron en mi intuición y cambiaron mi modo de ver el desarrollo.

James Buchan, en *Frozen Desire* (Picador), defiende que muchas veces queremos cosas, pero no de inmediato, y que el dinero representa este "deseo congelado". Si has creado suficiente valor para comer durante un mes, pero no quieres almacenar la comida de un mes, es muy conveniente poder almacenar el valor que has creado y convertirlo en lechuga fresca una semana cada vez.

Pero el dinero es algo curioso. Tiene su propia naturaleza. La combinación de la naturaleza del dinero y su papel central en nuestro trabajo genera tensiones. Lo que tiene sentido para nosotros como programadores puede ir en contra de la naturaleza del dinero. Cuando los imperativos de los *geeks* chocan con los imperativos del dinero, el dinero termina ganando.

Cuando mi intuición asimiló las lecciones sobre la naturaleza del dinero, me di cuenta de que mi actitud hacia la programación estaba cambiando. Las estrategias que me habían parecido perfectamente lógicas ahora me parecían extrañas cuando contradecían la naturaleza del dinero, y otras que me habían parecido marginales, imprecisas o ingenuas se convirtieron en una gestión sensata del dinero. Cuanto más remaba en la corriente del comercio, más rápido avanzaba mi barco.

La naturaleza que aprendí consistía en dos propiedades sorprendentes:

- Un euro hoy vale más que un euro mañana, así que gana antes y gasta después.

- En una situación caótica, las opciones son mejores que las cosas, así que, ante la incertidumbre, crea opciones.

Estas dos estrategias entran a veces en conflicto. Ganar dinero ahora puede reducir las opciones futuras. Pero puede que, si no ganas dinero ahora, no estés para ejercer esas opciones futuras.

Si ya sabes lo que es el valor actual neto y las griegas o *greeks* del mercado de opciones, no dudes en saltarte los dos capítulos siguientes. Si, como a mí hace 30 años, "valor actual neto y griegas de las opciones" te parece un galimatías, sigue adelante para aprender un poco sobre estas dos primeras frases del manual financiero. De la misma forma que es agradable poder decir "¿dónde está el baño?" y "otra cerveza, por favor" en un país nuevo, los dos capítulos siguientes te ayudarán a empezar a navegar por el mundo de las finanzas y por la profunda influencia de las finanzas en el diseño de software.

El diseño de software tiene que conciliar los imperativos de "ganar antes/gastar después" y "crear opciones, no cosas". Llegaremos a cómo el diseño de software interactúa con el dinero después de haber visto con detalle estos dos efectos: el valor temporal del dinero y la opcionalidad.

CAPÍTULO 25

Un euro hoy vale más que un euro mañana

Más es más y menos es menos, ¿cierto? Depende. Con el dinero, depende de:

- Cuándo.
- Con qué seguridad.

Si te doy hoy un euro, puedes gastarlo en algo que quieres o invertirlo de una forma que te dé más dinero más adelante. Si te prometo un euro mañana, valdrá menos que el euro que te doy hoy. ¿Por qué?:

- No puedes gastarlo, así que vale menos.
- No puedes invertirlo, así que, cuando te lo dé, valdrá menos que el euro que te di hoy.
- Hay alguna posibilidad de que en realidad yo no te lo dé. Bueno, no yo. Yo soy totalmente fiable. Pero tienes que estar preparado para que otros no te den el euro, con lo que de nuevo ese "euro del mañana" valdrá menos.

¿Cuánto menos? Es una pregunta complicada. Por ahora, lo importante es que no todos los euros tienen el mismo valor. Si queremos, por ejemplo, sumarlos, entonces necesitamos una fecha asociada a cada uno.

¿Cómo se valora un sistema informático? Supongamos que tienes uno y quiero comprarlo. ¿Cuánto sería lo razonable que debería pagarte por él?

El objeto es irrelevante. Es un régimen de pagos, que consiste en innumerables servicios y tiene 1,4 millones de líneas de código. La complejidad ciclomática media de sus funciones es de 14 (es broma, la media de valores distribuidos en leyes potenciales es inútil). Pero nada de esto me importa como comprador.

Como tal, quiero saber cómo va a fluir el dinero. Para valorar el software, puedo imaginarlo como un conjunto de flujos de caja, unos entrantes y otros salientes, pero (y esta es la clave) cada uno de ellos conectado a una fecha.

He aquí un ejercicio que te ayudará a afinar tu intuición sobre la relación tiempo/dinero. ¿Qué es más atractivo, un sistema informático que en los próximos 10 años cueste 10 millones y dé unos beneficios de 20 millones, o uno que cueste 10 millones y genere 12?

Es una pregunta engañosa. "En los próximos 10 años" equivale financieramente hablando a decir: "Hasta la muerte térmica del universo". La intuición que hay que afinar es que cuando veas esos números preguntes inmediatamente: "Sí, pero ¿cuándo y con qué seguridad?".

Nota la diferencia entre "pago 10 millones hoy y, en 10 años, obtengo 20 millones" y "obtengo 12 millones hoy y, en 10 años, pago 10 millones". El primer acuerdo me pone nervioso. Sí, parece una buena inversión, pero me voy a pasar esos 10 años con una gran inquietud. El segundo es evidente. Tengo garantizados dos millones de beneficio desde el primer día, más lo que obtenga de la inversión a lo largo de los 10 años siguientes. En este caso, los 10 años me entusiasman en lugar de temerlos.

En el ámbito de este libro, el valor temporal del dinero anima a ordenar después en lugar de ordenar primero. Si podemos implementar un cambio de comportamiento que nos haga ganar dinero ahora y ordenar después, ganaremos dinero antes y lo gastaremos después (como ya se ha dicho, a veces ordenar primero significa que el coste total de ordenar primero + el cambio de comportamiento es menor que el coste del cambio de comportamiento sin ordenar. En tal caso, ordena siempre primero).

A la escala a la que estamos hablando, de minutos a horas, quizá descontar los flujos de caja no suponga una gran diferencia económica. Pero sí la supone. Practicar con el valor del tiempo nos ayudará cuando pasemos a escalas mayores.

A continuación, examinaremos la otra fuente del valor económico del software: la opcionalidad. Va a ser divertido, porque el valor del tiempo y el de las opciones suelen entrar en conflicto.

CAPÍTULO 26

Opciones

El capítulo anterior presentó el valor económico de un sistema informático como la suma de los futuros flujos de caja descontados. Creamos valor cuando cambiamos dichos flujos:

- Ganando más dinero antes, y con mayor probabilidad.

- Gastando menos dinero, más tarde y con menos probabilidad.

Trabajar dentro de este modelo como diseñador de software ya no es fácil. Vivimos en un mundo de Ricitos de Oro: ni demasiado diseño ni demasiado pronto, ni demasiado poco diseño ni demasiado tarde. Pero, espera, aún hay más (si fuera fácil, todo el mundo lo estaría haciendo ya y no habría excusa para este libro). Hay otra fuente de valor, en ocasiones conflictiva: la opcionalidad.

Hace décadas trabajé con software de transacciones en Wall Street. Me puse a leer de todo, como me gusta hacer, y descubrí la valoración de opciones. Me adentré en un mundo totalmente nuevo. Acababa de inventar el desarrollo basado en pruebas (TDD, *Test-Driven Development*) y buscaba temas para practicar. La valoración de opciones me pareció un buen ejemplo: un algoritmo complicado con respuestas conocidas.

Primero implementé las fórmulas existentes de valoración de opciones (descubriendo la necesidad de una épsilon al comparar números de punto flotante). Por el camino desarrollé una intuición para las opciones que empezó a afianzarse en mi pensamiento general sobre el diseño de software.

No puedo implementar aquí todos esos algoritmos, pero sí puedo explicar las lecciones que aprendí (animo al lector a que pruebe el ejercicio si realmente quiere "entenderlo"):

- "¿Qué comportamiento puedo implementar a continuación?" tiene valor por sí misma, incluso antes de la implementación. Esto me sorprendió. Pensé que me pagaban por lo que había hecho (como en el capítulo anterior), pero no era así. Me pagaban principalmente por lo que podía hacer a continuación.

- "¿Qué comportamiento puedo implementar a continuación?" tiene más valor cuantos más comportamientos haya en la cartera. Si puedo aumentar el tamaño de la cartera, habré generado valor.

- "¿Qué comportamiento puedo implementar a continuación?" es más valiosa cuanto más valiosos son los comportamientos de esa cartera. No puedo predecir qué comportamiento será el más valioso ni lo valioso que será, pero...

- No me tiene que importar qué elemento tendrá más valor, siempre que mantenga abierta la opción de implementarlo.

- Esta es la mejor: cuanto más inciertas sean mis predicciones de valor, mayor será el valor de la opción (frente a implementarla sin más). Si abrazo el cambio, maximizo el valor que genero exactamente en esas situaciones en las que (después) el desarrollo de software convencional fracasa de la forma más espectacular.

Si aún no conoces las opciones financieras, aquí tienes un breve manual.

Empieza con algo que tenga precio. Una patata por un euro. Yo tengo un euro. Tú tienes una patata. Yo te doy el euro. Tú me das la patata. Ahora yo tengo una patata, pero no tengo el euro. Tú tienes el euro, pero ya no tienes la patata.

Quizá yo ya no quiera la patata; la quiero mañana. Estoy seguro de que la querré mañana. Puedo darte un euro hoy a cambio de tu promesa de una patata mañana. Mañana entregas la patata, y los dos quedamos contentos. Hoy te daré un poco menos que un euro, debido al valor temporal del dinero.

¿Y si no estoy seguro de querer la patata mañana? Puede que haga un picnic si el tiempo es bueno, en cuyo caso haré ensalada de patata. Pero, si hace mal tiempo, no quiero haber comprado una patata que se vaya a desperdiciar. En este caso, puedo comprar tu promesa de una patata mañana por un euro, pero puede que yo no te tome la palabra en lo que se refiere a esa promesa.

¿Cuánto debo pagarte por esta "promesa por una promesa"? Mañana recibirás el euro, pero solo si te hago cumplir tu promesa de venderme la patata. Tienes que saber qué más vas a hacer con la patata si no puedes vendérmela mañana. Si tienes otros buenos usos para la patata mañana, entonces puedes venderme esta opción por unos céntimos. No te importa mucho si la compro mañana o no. Pero, si la patata se va a desperdiciar si no la compro mañana, entonces tienes que cobrarme casi todo el precio hoy.

Acabo de describir una opción de compra: el derecho, pero sin obligación, de adquirir algo en el futuro a un precio fijo. Las opciones financieras tienen estos parámetros:

- El objeto que podemos comprar.

- El precio del objeto, incluyendo la volatilidad de dicho precio.

- La prima de la opción o el precio que pagamos hoy.

- La duración de la opción, el tiempo que tenemos para decidir si adquirir el objeto (algunas opciones permiten comprar el objeto en cualquier momento entre ahora y el final de la duración; eso es el software).

¿Qué significa esto para el diseño de software? El diseño de software es preparación para el cambio; cambio de comportamiento. Los cambios de comportamiento que podríamos hacer a continuación son las patatas de la historia. El diseño que hacemos hoy es la prima que pagamos por la "opción" de "comprar" el cambio de comportamiento mañana.

Considerar el diseño de software en términos de opcionalidad cambió por completo mi forma de pensar. Cuando me centré en equilibrar la creación de opciones y el cambio de comportamiento, lo que antes me asustaba ahora me entusiasmaba:

- Cuanto más volátil es el valor de un posible cambio de comportamiento, mejor.

- Cuanto más tiempo yo pueda desarrollar, mejor.

- Sí, cuanto más barato pueda desarrollar en el futuro, mejor, pero esa era una pequeña proporción del valor.

- Cuanto menos trabajo de diseño pueda hacer para crear una opción, mejor.

Pero me seguía enfrentando a ese peliagudo problema que solté cuando dije: "Equilibrar la creación de opciones y el cambio de comportamiento".

CAPÍTULO 27

Opciones frente a flujos de caja

Aquí tenemos el tira y afloja económico que hace que "¿ordenar primero?" sea una pregunta tan interesante:

- El flujo de caja descontado nos dice que ganemos dinero antes con mayor probabilidad y gastemos dinero después con menos probabilidad. No ordenes primero. Eso es gastar dinero antes y ganar dinero después. Quizá ni siquiera ordenes después o más tarde.

- Las opciones nos dicen que gastemos dinero ahora para ganar más dinero después (incluso aunque ahora no sepamos exactamente cómo). Sin duda, ordena primero (cuando ello crea opciones). Y también ordena después y más tarde.

¿Ordenar primero? Sí. Pero también no.

A ver, claro que hay momentos para ordenar primero. Cuando:

coste(ordenación) + coste(cambio de comportamiento tras ordenación) < coste(cambio de comportamiento sin ordenación)

Entonces, sin duda, ordena primero. Sigue siendo fácil dejarse llevar y ordenar demasiado, pero establece límites, mantenlos hasta donde puedas llegar y estarás bien.

Las situaciones más tensas se producen cuando:

coste(ordenación) + coste(cambio de comportamiento tras ordenación) > coste(cambio de comportamiento sin ordenación)

Quizá aún quieras ordenar primero, incluso aunque la economía a corto plazo te desanime. Quizá estés implementando una serie de cambios de comportamiento, que se benefician todos de la ordenación. Amortizar el coste de la ordenación a lo largo de todos los cambios podría tener sentido, incluso descontando los flujos de caja.

Ordenar primero puede tener sentido económico a pesar de los flujos de caja descontados si el valor de las opciones creadas es mayor que el valor perdido por gastar dinero antes y con seguridad. Aquí llega el momento de aplicar nuestro juicio. Puede que tu olfato te diga: "Aquí hay más cosas buenas, pero tengo que ordenar para poder verlas". Eso puede ser prueba suficiente para seguir ordenando.

O bien, puesto que el diseño de software es un ejercicio de relaciones humanas y estamos hablando de nuestra relación con nosotros mismos a la escala de la ordenación, quizá podrías ordenar primero solo porque ello logra que los cambios de comportamiento posteriores sean más agradables. Un poco de este "ordenar como autocuidado" está justificado. Solo tienes que reconocer que vas en contra de tus incentivos económicos.

A la escala de la ordenación (de minutos a horas), no podemos (ni debemos siquiera intentar) calcular con precisión los beneficios económicos de nuestra ordenación. Estamos ejercitando dos importantes formas de juicio, practicando para cosas mayores más adelante:

- Acostumbrarse a ser conscientes de los incentivos que afectan al calendario y alcance del diseño de software ("quiero dedicarle más tiempo al diseño y estoy recibiendo resistencia. ¿Qué está pasando?").

- Practicar con nosotros mismos las habilidades de relación que más tarde utilizaremos con nuestros colegas directos, y luego con nuestros colegas más distantes.

Una vez que subamos la apuesta, cuando la supervivencia y la prosperidad de un producto estén en juego, nos alegraremos de tener un sentido instintivo de cuándo y cómo diseñar y cuándo no hacerlo.

CAPÍTULO 28

Cambios de estructura reversibles

¿Cuál es la diferencia entre un mal corte de pelo y un mal tatuaje? El pelo crece, pero el tatuaje se queda para siempre (se puede borrar, pero es difícil).

¿Qué diferencia hay entre cambios de estructura y cambios de comportamiento? Una propiedad relevante de ordenar primero es que los cambios de estructura suelen ser reversibles. Extraes una función auxiliar pero no te gusta, así que la integras, y es como si nunca hubiera existido.

Comparemos esto con un cambio de comportamiento inoportuno. Imaginemos que has enviado 100 000 notificaciones de impuestos con el número equivocado. ¿Qué harás ahora? Te costará mucho arreglarlas. El daño causado a tu reputación puede ser permanente. Si solo te hubieras dado cuenta del error cinco minutos antes de enviar las notificaciones en lugar de cinco minutos después...

En general, debemos tratar las decisiones reversibles de manera diferente a las irreversibles. Revisar las decisiones irreversibles una, dos e incluso tres veces tiene mucho valor. El ritmo debería ser lento y deliberado. Aunque la decisión suponga una gran ventaja, también puede traer consigo un gran inconveniente si la entendemos mal. Sí, queremos la ventaja, pero nos interesa mucho más evitar el inconveniente.

¿Qué pasa con las decisiones reversibles? La mayor parte de las decisiones en diseño de software se pueden revertir fácilmente y proporcionan alguna ventaja (lo que hace que sean más fáciles los cambios de comportamiento, como ya hemos visto a lo largo de este libro), pero realmente no suponen un gran inconveniente porque se pueden revertir con gran facilidad si resultan ser erróneas.

Como evitar los errores tiene tan poco valor, no deberíamos invertir mucho en ello. Esa es la realidad económica que yo estaba buscando al elegir "ordenar" para describir lo que estamos haciendo en este libro. No es gran cosa, solo un poco de limpieza.

Los procesos de revisión de código (que prometí tantas veces que iba a desechar, pero este no es el momento) no distinguen entre cambios reversibles e irreversibles. Terminamos haciendo la misma inversión con recompensas radicalmente distintas. Qué desperdicio.

¿Qué ocurre con los cambios de diseño que no son reversibles? Por ejemplo, "extraer como servicio" tiende a ser un trabajo serio difícil de deshacer. Piensa en ello un poco más, por ejemplo, implementando primero un prototipo. Y por "implementando" quiero decir poniéndolo en producción. ¿Requiere una marca de característica? Muy bien. ¿Requiere poner la marca en un montón de sitios? Vale, ordena primero, de forma que solo hagan falta algunas marcas.

¿Ves lo que estamos haciendo? Estamos logrando que "extraer como servicio" sea reversible, al menos durante un rato. Si estamos a la mitad del proceso y nos damos cuenta de que este es uno de esos servicios que podrían realmente haber sido una consulta SQL (gracias, Josh Wills), entonces podemos cambiarlo sin demasiado jaleo.

Otro escenario en el que las decisiones de diseño reversibles se vuelven irreversibles es cuando la decisión se propaga por todo el código. Cambiar entonces de un entero a un *long* requeriría cambiar un millón de sitios, algunos de ellos muy complicados. De acuerdo: 1) piensa un poco más en si esta decisión puede propagarse, y 2) claro que esto ocurre, y si ocurre nos libramos de ella de ordenación en ordenación. Ordena primero o después durante un tiempo, y luego ordena más tarde, para terminar de revertir la decisión (como siempre, en resumen, fragmentos que pueden interrumpirse).

Parece ser una forma idealista de pensamiento *geek* la que mantiene que, si solo pudiéramos tomar decisiones mejores, nunca cometeríamos errores. De joven pensaba siempre: "Si yo fuera infinitamente inteligente". Por suerte, lo superé. Aprendí el valor de la reversibilidad (mucho antes de que le hubiera puesto nombre) y me di cuenta del valor de hacer que las decisiones sean reversibles.

CAPÍTULO 29

Acoplamiento

Para preparar la redacción de su texto clásico *Structured Design*, Ed Yourdon y Larry Constantine examinaron programas para averiguar por qué eran tan costosos. Observaron que los programas caros tenían todos ellos una propiedad en común: cambiar un elemento requería cambiar otros. Los programas baratos tendían a requerir cambios localizados.

Denominaron "acoplamiento" a esta propiedad de contagio del cambio. Dos elementos están acoplados con respecto a un determinado cambio si cambiar un elemento necesita del cambio del otro elemento.

Por ejemplo, una función llamadora (`caller`) se acopla a otra llamada (`called`) con respecto a los cambios en el nombre de la segunda:

```
caller()
    called()

called() // cambiar este nombre requiere cambiar también el sitio o sitios de llamada
    ... // cambiar el formato del cuerpo no requiere cambios en sitios de llamada
```

El segundo comentario enfatiza un importante detalle del acoplamiento: no podemos decir simplemente que dos elementos están acoplados. Por decir algo útil, tenemos que decir también que están acoplados con respecto a qué cambios. Si dos elementos están acoplados con respecto un cambio que nunca ocurre, entonces están acoplados de un modo que debería preocuparnos. Dicho acoplamiento es como la roca en la cima de la colina que nunca rueda para aplastar el pueblo.

No es posible analizar el acoplamiento simplemente mirando el código fuente de un programa. Tenemos que saber qué cambios se han producido, o es probable que se produzcan, antes de poder decir si dos elementos están acoplados (si el lector desea hacer un experimento, que pruebe a ver qué pares de archivos tienden a mostrarse juntos en confirmaciones; estos están acoplados).

El acoplamiento determina el coste del software. Como es tan crítico, lo expreso y visualizo de tantas formas como puedo, por ejemplo, como definición matemática:

```
coupled(E1, E2, Δ) ≡ ΔE1 ⇒ ΔE2
```

La figura 29.1 lo muestra como una imagen.

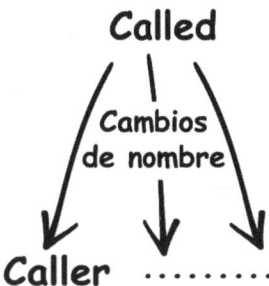

Figura 29.1. Función llamada (`called`) acoplada a función que llama (`caller`) con respecto a los cambios de nombre.

Si el acoplamiento se produjera alguna vez solo entre dos elementos, entonces no poblaría nuestras peores pesadillas. En lugar de ello, el acoplamiento tiene dos propiedades que lo arrastran al centro de todo:

- **1-N:** Un elemento puede acoplarse con cualquier cantidad de otros elementos con respecto a un cambio.

- **En cascada:** Una vez que un cambio se ha trasladado de un elemento a otro, dicho cambio puede activar otra ronda de cambios, que a su vez pueden activar cambios por sí mismos.

El problema 1-N se puede eliminar hasta cierto punto con herramientas. Si tienes una refactorización automática para cambiar el nombre de una función y de todas las que llaman, entonces puedes hacer un único cambio. El coste es el mismo tengas una sola función llamadora o mil (aunque, si estás cambiando mil llamadoras al mismo tiempo, quizá te interese meter ese cambio en producción lo antes posible).

Los cambios en cascada son el mayor de los problemas. El coste de los cambios sigue una distribución de ley potencial, creada por el coste de los cambios en cascada. Utilizarás diseño de software para reducir la probabilidad y magnitud de los cambios en cascada.

La palabra "acoplamiento" ha perdido su significado con el tiempo, llegando a significar cualquier relación entre elementos de un sistema. "Este servicio está acoplado a ese otro"; muy bien, pero ¿cómo? ¿Con respecto a qué cambios? No basta con saber que un servicio invoca a otro; hay que saber qué cambios en un servicio requerirían cambios en el otro.

Meilir Page-Jones usó el término "*connascence*" para describir el acoplamiento en su libro *What Every Programmer Should Know About Object-Oriented Design* (Dorset House). Como las definiciones son exactamente iguales, yo utilizo simplemente "acoplamiento".

En sistemas grandes y complejos, el acoplamiento puede ser sutil. De hecho, cuando decimos que un sistema es "complejo", queremos decir que los cambios tienen consecuencias inesperadas. Recuerdo un incidente en Facebook, en el que dos servicios compartían el mismo *rack* físico. Un servicio cambió su política de copias de seguridad de copias incrementales a completas. Estas copias saturaban el *switch* de red localizado en la parte superior del *rack*, causando el fallo del segundo servicio. Los dos servicios estaban acoplados con respecto a los cambios en la política de copias de seguridad, incluso aunque los dos equipos que trabajaban en los servicios no tuvieran ni siquiera conocimiento de la existencia del otro.

¿Qué significa acoplamiento para responder a la pregunta de si debo ordenar primero? A veces, cuando te enfrentas a un cambio desordenado, es el acoplamiento lo que te pone nervioso: "Pero, si cambio esto, entonces tendré que cambiar todo eso también". Tómate un minuto para repasar la lista de ordenaciones y ver cuáles de ellas reducirán el acoplamiento.

El acoplamiento determina el coste del software. A continuación, veremos exactamente cómo.

CAPÍTULO 30

La equivalencia de Constantine

Cuando era un joven programador, recuerdo escuchar informes de que al menos el 70 % de los costes del desarrollo de software correspondían al mantenimiento. ¡El 70 %! Qué mal trabajo debemos estar realizando para hacer una cosa y tener que gastar el doble en mantenerla en funcionamiento.

Resulta que el modelo mental del software, como algo que se hace y después debe ejecutarse para siempre sin modificar, como algún tipo de máquina de movimiento perpetua, es lo contrario de lo que realmente ocurre, y también de lo que debería ocurrir. El valor futuro de un sistema se revela a sí mismo en las realidades de hoy, no en la especulación de ayer.

Una vez establecido el modo en que el acoplamiento afecta al desarrollo de software, estamos listos para comprender su importancia. En el trabajo original sobre acoplamiento y cohesión, *Structured Design*, Ed Yourdon y Larry Constantine postularon que el objetivo del diseño de software es minimizar el coste del software (también lo es maximizar el valor, pero ya llegaremos a eso). Pero ¿cuáles son esos costes?

Esa estimación del 70 % resulta ser demasiado baja. Si aplicamos nuestra creatividad, podemos lanzar un software que cree valor con solo un pequeño porcentaje de su coste de desarrollo final. A todos nos interesa hacerlo. Cuanto antes obtengamos información sobre el uso real, menos tiempo, dinero y oportunidades dedicaremos a comportamientos que no importan.

La primera parte de lo que he denominado "equivalencia de Constantine" es que el coste del software es más o menos igual al coste de cambiarlo. Sí, hay un breve periodo antes de que se pueda decir que lo estamos "cambiando", pero ¿a quién le importa? Ese periodo es económicamente insignificante. Así pues:

coste(software) ~= coste(cambio)

Otra forma de verlo es gráficamente (lo que sigue no son datos reales, sino otra forma de pensar en el problema. Ajusta en consecuencia).

Si representamos en un gráfico el coste acumulativo del software a lo largo de su vida útil, obtenemos algo parecido a una curva logística (figura 30.1). El periodo anterior a su lanzamiento representa una pequeña parte del tiempo total y una pequeña parte del coste total.

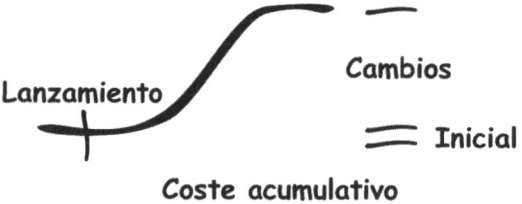

Figura 30.1. Curva logística de coste acumulativo, mostrando que los cambios son la mayor parte del gasto.

¿Qué podemos decir sobre el coste del cambio? ¿Son todos los cambios iguales? Por supuesto que no, no si planteamos así la pregunta. Podemos ir realizando pequeños cambios en el comportamiento del sistema, costando todos más o menos lo mismo. Entonces un día hacemos un cambio superficialmente parecido a todos los anteriores, pero este nos estalla en la cara. En lugar de costar una unidad, cuesta diez, cien o mil.

Visualizado, el coste mensual (digamos) empieza siendo bajo, crece rápidamente y después se reduce a medida que otras oportunidades se vuelven más rentables (figura 30.2). Pero ¿por qué la curva de crecimiento del coste es tan pronunciada tras el lanzamiento? ¿De verdad estamos haciendo más cambios? Sí, algunos más. Pero, además, el sistema existente ha empezado a crear fricción. Tenemos que preocuparnos por la compatibilidad con versiones anteriores, por la estabilidad de la producción y por todas las maneras en las que cualquier cambio podría romper características aparentemente no relacionadas.

Figura 30.2. El coste en el tiempo crece lentamente, después rápidamente y después se reduce.

Si conoces las distribuciones de la ley potencial, reconocerás lo que está pasando aquí (si no sabes nada de esto, por favor, ten cuidado, porque terminé obsesionado con ellas durante 20 años). Una característica de las distribuciones de la ley potencial es que los pocos eventos "atípicos" grandes importan mucho. Si se suman, superan a los eventos "normales", mucho más numerosos. Cinco tormentas muy fuertes causan más daños que diez mil tormentas pequeñas.

¿Te suena familiar? Los cambios de comportamiento más caros cuestan, en conjunto, mucho más que todos los cambios de comportamiento menos caros juntos. Dicho de otro modo, el coste del cambio es aproximadamente igual al coste de los grandes cambios:

coste(cambio) ~= coste(grandes cambios)

¿Qué es lo que encarece esos costosos cambios? Cuando cambiar este elemento requiere cambiar esos dos elementos, cada uno de los cuales requiere cambiar otros elementos, etc., etc., etc. ¿Qué "propaga" el cambio? El acoplamiento. Así, el coste del software es aproximadamente igual al acoplamiento:

coste(grandes cambios) ~= acoplamiento

Y ya tenemos la equivalencia de Constantine completa:

coste(software) ~= coste(cambio) ~= coste(grandes cambios) ~= acoplamiento

O, lo que es lo mismo, por destacar la importancia del diseño de software:

coste(software) ~= acoplamiento

Para reducir el coste del software, debemos reducir el acoplamiento. Pero el desacoplamiento no es gratis, y está sujeto a sacrificios, que exploraremos a continuación.

CAPÍTULO 31

Acoplamiento frente a desacoplamiento

¿Por qué no simplemente desacoplar todas las cosas? ¿Por qué tener algún tipo de acoplamiento?

El acoplamiento no suele ser obvio (como la pieza de Lego que pisas en plena noche). Vas a hacer un cambio de comportamiento y entonces te das cuenta: "Vaya, si cambio esto, tendré que cambiar eso, y aquello también". O peor, cambias esto, lo pones en producción, rompes cosas y te das cuenta: "Me parece que también tengo que cambiar eso y aquello". No eres consciente de las suposiciones inconscientes que estás haciendo.

Los flujos de caja descontados suponen un cierto acoplamiento. Hay una forma rápida y acoplada de aplicar un comportamiento, y otra desacoplada, más larga y cara. En su momento, tomaste la decisión económicamente correcta de implementarlo con acoplamiento (beneficios antes, gastos después). Ahora ya es tarde.

Otra razón legítima para tener acoplamiento en un sistema es porque no era un problema hasta ahora. El peñasco que estaba encaramado en la colina decidió que era un buen momento para rodar hacia abajo. "¿Quién nos iba a decir que tendríamos que traducir esto a otro lenguaje?". Desde luego, tú no. Hasta que te enteraste bien.

Una última razón para tener acoplamiento es que algunos acoplamientos son simplemente inevitables. Me temo que no tengo un argumento mejor para esto que la "afirmación segura". Trabajaré en ello.

Realmente no importa por qué el acoplamiento está ahí. Hoy te enfrentas a una elección: pagar el coste del acoplamiento o del desacoplamiento. *¿Ordenar primero?* es esta decisión en miniatura (aunque solamente algunos líos están hechos de desacoplamiento).

Echemos un vistazo a un ejemplo concreto: un protocolo de comunicaciones. Una forma sencilla de implementarlo es con una función de envío y otra de recepción:

```
Sender>>send()
    writeField1()
    writeField2()

Receiver>>receive()
    readField1()
    readField2()
```

Estas funciones están acopladas. Cambia una, y será mejor que cambies la otra. Después tendrás que preocuparte de desplegar los cambios en perfecta sincronización.

A la centésima vez que modifiques estas funciones, probablemente te habrás cansado del cuidado adicional que requieren, así que creas un lenguaje para definir una interfaz:

```
format = [
    {field: "1", type: "integer"},
    {field: "2", type: "string"}
]

Sender>>send()
    writeFields(format)

Receiver>>receive()
    readFields(format)
```

Se acabó el acoplamiento. Ahora puedes cambiar el formato en un solo lugar. No es necesario cambiar send() y receive() al mismo tiempo.

Pero resulta que el acoplamiento no ha desaparecido del todo. Sí, podemos cambiar el formato en un solo lugar, por ejemplo, añadiendo un tercer campo. Sin embargo, en algún punto de la función Sender sigue siendo necesario calcular ese tercer campo y, hasta que no lo hagamos, no podremos leerlo y usarlo en la función Receiver. Así que Sender y Receiver siguen acopladas; si Receiver tiene que cambiar para usar el campo nuevo, Sender también tiene que cambiar. Nos hemos dado más opciones para el orden de implementación.

Hay algo que creo, pero no puedo demostrar ni explicar adecuadamente: cuanto más se reduce el acoplamiento de una clase de cambios, mayor es el acoplamiento de otras clases de cambios. La implicación práctica de esto (si coincide con tu intuición) es que no deberías molestarte en exprimir hasta la última pizca de acoplamiento. El acoplamiento que se crea al hacerlo no merece la pena.

En general, nos queda un espacio de compensación (figura 31.1). Esta imagen es ingenua en el sentido de que los costes exactos de acoplamiento y desacoplamiento no se pueden conocer de antemano. Ambos costes se acumulan con el tiempo, lo que introduce flujos de caja descontados. El desacoplamiento también crea opciones, cuyo valor es incierto y evoluciona con el tiempo.

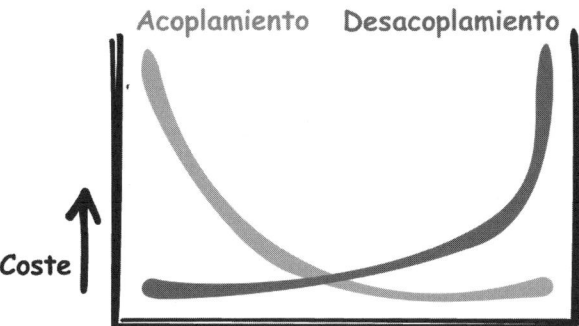

Figura 31.1. El coste del acoplamiento se compensa con el coste del desacoplamiento.

El espacio de decisión fundamental se mantiene. Se puede pagar el coste del acoplamiento o pagar el coste (y cosechar los beneficios) del desacoplamiento. Y se puede caer en cualquier punto de este continuo. No es de extrañar que el diseño de software sea difícil. Y ni siquiera vamos a llegar a la parte de las relaciones interpersonales.

CAPÍTULO 32

Cohesión

Los elementos acoplados deben ser subelementos del mismo elemento contenedor. Esa es la primera implicación de la cohesión: poner todo el estiércol en el mismo montón. La segunda implicación de la cohesión es que los elementos que no son estiércol (es decir, que no están acoplados) deben ir a otra parte.

Por ejemplo, supongamos que tenemos un módulo que contiene 10 funciones. Tres de ellas están acopladas. ¿Dónde van las otras siete? Tenemos dos opciones (figura 32.1).

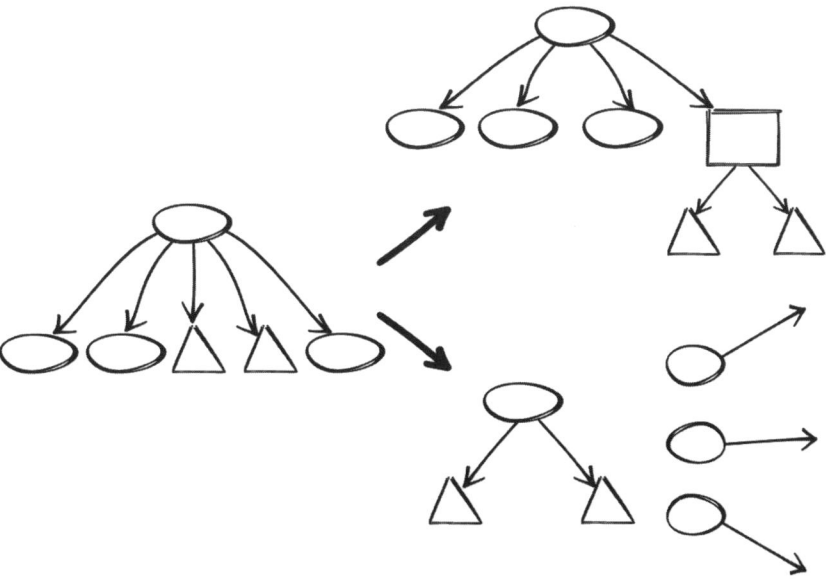

Figura 32.1. Elemento no cohesionado mejorado mediante (arriba) la extracción de un subelemento cohesionado o mediante (abajo) el desplazamiento de los subelementos desacoplados a otro lugar.

La primera consiste en agrupar los elementos acoplados en su propio subelemento. Podríamos crear un submódulo que solo contuviera las tres funciones. Ese submódulo estaría cohesionado porque sus elementos estarían acoplados. El módulo original podría estar menos cohesionado porque ahora ninguno de sus elementos estaría acoplado, pero no estaríamos en peor forma que antes.

Extraer una función de ayuda es este tipo de enfoque de "extraer un subelemento cohesionado". Si las líneas de la función auxiliar tienen que cambiarse juntas, entonces la función es cohesiva, con todos los beneficios de la cohesión: análisis y cambio más fáciles, y resistencia al cambio accidental de comportamiento.

La segunda opción es tomar los elementos desacoplados y ponerlos en otro sitio. ¿Dónde? Aquí es cuando te toca ser diseñador. ¿Con qué están acopladas esas funciones? Acerca las funciones a sus hermanas. ¿Están acopladas entre sí? Crea otro submódulo para que vivan en él.

No hagas movimientos bruscos. Estás trabajando con información incompleta y cambiante sobre qué está acoplado a qué. No reorganices todo de forma drástica. Mueve un elemento cada vez. Deja el código más ordenado para la siguiente persona. Si todo el mundo sigue la regla del *boy scout* ("déjalo más limpio de lo que lo encontraste"), el código será más manejable con el tiempo.

CAPÍTULO 33

Conclusión

Y con esto ya estás preparado para responder continuadamente a la pregunta "¿ordenar primero?", cada vez de una forma ligeramente distinta, pero en cada ocasión afectada por las mismas fuerzas:

- Coste: ¿La ordenación reducirá los costes, los retrasará o los hará menos probables?

- Beneficios: ¿La ordenación aumentará los beneficios, los adelantará o hará que sean más probables?

- Acoplamiento: ¿Ordenar conseguirá que yo tenga que cambiar menos elementos?

- Cohesión: Si ordeno, ¿los elementos que tenga que cambiar estarán en un ámbito más reducido y concentrado?

Pero lo más importante eres tú. ¿Aportará el orden paz, satisfacción y alegría a tu programación? Puede que sí. Esto es importante porque, si eres tu mejor versión, serás mejor programador. No puedes ser tu mejor yo si siempre vas corriendo y estás siempre cambiando código que cuesta mucho trabajo cambiar.

No te dejes llevar por el orden. En cuanto te des cuenta de que puedes mejorar tu vida y tu trabajo ordenando, pero algunas veces y de cierta manera, igual te da un mareo. A diferencia del riesgo y la incertidumbre de las funciones, en las que puedes hacer lo que consideres correcto y la gente seguirá estando insatisfecha, tú eres el público de tu ordenación, y es muy probable que quedes satisfecho.

El acoplamiento lleva de una ordenación a la siguiente y a la siguiente. Las ordenaciones son las patatas fritas del diseño de software. Cuando estés ordenando primero, resiste el impulso de comerte la siguiente. Ordena para permitir el siguiente cambio de comportamiento. Guarda el atracón de orden para después, cuando puedas volverte loco sin retrasar el cambio que alguien más está esperando.

Y ten en cuenta que, a medida que practicas el orden para ti mismo, te estás preparando para diseñar en nombre de otros como tú. Este es el objetivo: convertir el diseño de software en una parte normal y equilibrada del desarrollo.

Rara vez programamos solos. Del mismo modo que en un diseño los elementos se acoplan entre sí, nosotros nos acoplamos los unos a los otros. Un cambio que yo haga puede repercutir en ti, y un cambio que hagas tú puede repercutir en mí.

Este libro ha tratado del diseño de software por y para las personas. Claro que tus colegas se beneficiarán de un código más ordenado, pero el foco se ha centrado en ti. ¿Vale la pena invertir un poco en ayudarte a trabajar con más facilidad? Probablemente.

¿Quién?	¿Cuándo?	¿Qué?	¿Cómo?	¿Por qué?
Tú	Minutos a horas	Ordenaciones	Cambios de comportamiento y estructura	Acoplamiento y cohesión

En otro momento podríamos estudiar las relaciones entre los agentes de cambio, es decir, los que pueden cambiar directamente el sistema. Debemos conseguir que estas relaciones sean saludables antes de estar preparados para el desafío definitivo de las relaciones, entre los agentes de cambio y los que no pueden hacer mucho más que esperar a que nuestros cambios tengan efecto. El diseño de software puede alimentar esas relaciones o dañarlas.

¿Quién?	¿Cuándo?	¿Qué?	¿Cómo?	¿Por qué?
Tú	Minutos a horas	Ordenaciones	Cambios de comportamiento y estructura	Acoplamiento y cohesión
Tú y tus colegas de programación	Días a semanas	Refactorizaciones	Planificación semanal	Leyes potenciales

Yo mismo sé que no hay que planificar con demasiada antelación, pero la recompensa final de esta brillante técnica que estás aprendiendo es llevarte mejor con personas que no son como tú. Las relaciones entre las personas orientadas a los negocios y las orientadas a la tecnología son las más tensas, pero también las más importantes y potencialmente las más gratificantes. Una vez que el diseño de software forme parte de la planificación empresarial y estratégica diaria, tendrás la oportunidad de contribuir a cerrar la brecha entre empresa y tecnología.

¿Quién?	¿Cuándo?	¿Qué?	¿Cómo?	¿Por qué?
Tú	Minutos a horas	Ordenaciones	Cambios de comportamiento y estructura	Acoplamiento y cohesión
Tú y tus colegas de programación	Días a semanas	Refactorizaciones	Planificación semanal	Leyes potenciales
Todas las partes interesadas	Meses a años	Evolución arquitectónica	Equilibrio dinámico	?

A eso vamos: a hacer del diseño de software un ejercicio de relaciones humanas. Así que, para empezar...

¿Ordenar primero? Probablemente sí. Lo suficiente. Tú lo vales.

Lista de lecturas comentadas y referencias

Alexander, Christopher. *Notes on the Synthesis of Form*. Harvard University Press, Cambridge, 1964.

> El libro que introdujo los patrones. La idea básica es que cada decisión de diseño resuelve parte de las limitaciones conflictivas y crea limitaciones (uno espera menores) que se deben resolver mediante decisiones futuras. Estas configuraciones de limitaciones se repiten, de ahí la palabra "patrón".

---. *The Timeless Way of Building*. Oxford University Press, Nueva York, 1979.

> No puedo recomendar más este libro. Empieza reimaginando la relación entre los diseñadores y aquellos para los que se diseña. ¿Quién debería tener el poder de hacer qué? Después aplica patrones y técnicas de construcción novedosas para retrasar la mayoría de las decisiones de diseño mucho más allá de lo que parecería sensato (¿ya te suena esto familiar?).

Ball, Philip. *Branches: Nature's Patterns*. Oxford University Press, Nueva York, 2011.

---. *Flow: Nature's Patterns*. Oxford University Press, Nueva York, 2011.

---. *Shapes: Nature's Patterns*. Oxford University Press, Nueva York, 2011.

> Como diseñadores de un artefacto intelectual, tendemos a creer que podemos diseñar lo que queramos como queramos. Pues no. Nuestro trabajo está sujeto a leyes naturales. Esta trilogía es un compendio de curiosidades del diseño en el mundo natural.

Beck, Kent. *Smalltalk Best Practice Patterns*. Pearson Education, Nueva York, 1997.

---. *Implementation Patterns*. Addison-Wesley, Upper Saddle River, 2007.

> Estos dos libros abordan el diseño a la misma escala abordada por *¿Ordenar primero?*. La pregunta a la que responden es: "¿Cómo codificaríamos si quisiéramos comunicarnos con otros humanos?".

Feathers, Michael. *Working Effectively with Legacy Code*. Pearson Education, Upper Saddle River, 2004.

Una visión inspiradora sobre cómo seguir diseñando a pesar de las limitaciones creadas por el código heredado y de producción.

Fowler, Martin. *Refactoring: Improving the Design of Existing Code*. Addison-Wesley, Boston, 1999.

Un manual sobre formas de mejorar diseños existentes.

Hanson, Chris y Gerald Jay Sussman. *Software Design for Flexibility*. MIT Press, Cambridge, 2021.

Enfoques de diseño a pequeña escala que tienden a apoyar el cambio continuo.

Lemaire, Maude. *Refactoring at Scale*. O'Reilly Media, Sebastopol, 2021.

Este libro resuelve las limitaciones, a menudo contradictorias, de las nuevas funciones, la mejora de la estructura y la necesidad de una producción fiable.

Mollison, B. C. *Permaculture 1*. Transworld Publishers, Londres, 1988.

Mi definición del diseño como "elementos relacionados de forma beneficiosa" reafirma la definición de permacultura. La permacultura es una disciplina de diseño de ecosistemas que produce valor conservando la resiliencia de los ecosistemas naturales.

Myers, Glenford J. *Composite/Structured Design*. Van Nostrand Reinhold, Nueva York, 1978.

Una primera aproximación a la ocultación de información: funciones en módulos que suponen lo menos posible unos de otros.

Norman, Don. *The Design of Everyday Things*. Basic Books, Nueva York, 2013.

Nunca volverás a culparte por tirar de una puerta en lugar de empujarla. Además, los "lujos" que describe Don son aplicables al diseño de software.

Normand, Eric. *Grokking Simplicity*. Manning, Shelter Island, 2021.

Algunos piensan que se trata de "funciones contra objetos". Estoy de acuerdo con Eric en que la perspectiva más valiosa es "funciones dentro de objetos". Este libro aborda el coste del cambio aplicando la programación funcional.

Ousterhout, John. *A Philosophy of Software Design*. Yaknyam Press, Palo Alto, 2018.

Este es el libro que me puso en marcha para escribir. Los argumentos de John están bien orientados en lo que se refiere a mejorar el diseño, pero se presentan de un modo dogmático: mantén siempre tu código tan limpio como puedas. Los signos de interrogación de *¿Ordenar primero?* son una respuesta directa.

Page-Jones, Meilir. *What Every Programmer Should Know About Object-Oriented Design*. Dorset House, Nueva York, 1995.

La traslación del acoplamiento al mundo de los objetos. Como las definiciones de "acoplamiento" y "*connascence*" son idénticas, utilizo "acoplamiento".

Parnas, David Lorges. *Software Fundamentals: Collected Papers by David L. Parnas*. Editado por Daniel M. Hoffman y David M. Weiss. Addison-Wesley Professional, Boston, 2001.

El profesor Parnas sabía de diseño antes que casi todo el mundo. Su pensamiento y su vocabulario dan forma a nuestras conversaciones.

Petre, Marian y Andre Van Der Hoek. *Software Design Decoded*. MIT Press, Cambridge, 2016.

Describe actividades que verás aplicar a diseñadores expertos. Al tratarse de un libro tan breve y accesible, hay pocos detalles sobre cada actividad. Utilízalo como estímulo: "Bueno, yo nunca hago eso, así que será mejor que lo pruebe".

Seemann, Mark. *Code That Fits in Your Head*. Addison-Wesley Professional, Boston, 2021.

El cerebro humano no viene con manual de instrucciones. Este libro es casi eso mismo: un manual de instrucciones para el cerebro del programador.

Weinberg, Gerald M. *The Psychology of Computer Programming*. Dorset House, Nueva York, 1998.

El libro que fue pionero en el enfoque radical de asumir que los programadores son humanos.

Yourdon, Edward. *Techniques of Program Structure and Design*. Prentice Hall, Upper Saddle River, 1975.

Una primera descripción del diseño de software, superada por...

Yourdon, Edward y Larry L. Constantine. *Structured Design*. Prentice Hall, Upper Saddle River, 1979.

Esta es la biblia del diseño de software. Las leyes de Newton para los diseñadores de software. *¿Ordenar primero?* reitera todo lo dicho en *Structured Design*.

Índice alfabético